香港代表 II

成就，來自堅強的後盾

運動員在賽事發揮出淋漓盡致的表現，除了靠精準訓練和個人的堅毅精神，背後團隊也是功不可沒。香港青年協會多年前出版《香港代表》，記錄了 13 位運動員面對訓練、比賽、人生的心路歷程，任何時候閱讀其中的章節，都令人感覺熱血勵志。今次我們為大家呈獻《香港代表 II》，介紹運動產業背後的「香港代表」。

這幾年縱使疫情橫行，也無阻運動員繼續堅持奮鬥。香港運動員更在國際體壇屢創佳績，在頒獎台上每一下閃爍的鎂光燈，照耀的不只是運動員的努力，成就的背後，包括了工作人員的付出，他們絕對是支撐起運動發展的幕後功臣，當中遍及不同專業，包括建築、醫療、賽事及大型活動策劃、攝影、評述、媒體與傳播，甚至教育界等領域，透過他們的貢獻和支持，運動員才能發光發熱，盡情發揮。

近年香港大力推動運動產業發展，為青年創建更多不同入行的渠道，除了運動員與教練，運動產業內所需的崗位數之不盡，《香港代表 II》呈現十個代表人物的故事，為大家娓娓道來這些幕後功臣的專業工作，

了解他們在運動場內、外的喜樂或挑戰，包括實用與美學並重的啟德體育園；分毫不能差的馬拉松跑道、還有運動員受傷後的各種治療、復健過程，各位「香港代表」都傾注了以年月計的心血和非一般的熱誠，他們的努力絕不少於運動員。

《香港代表》系列為大家分享香港運動產業內的不同精彩人物，希望本書能以一個嶄新的角度，認識運動產業，認識他們在國際體壇上獨當一面的成果。

香港青年協會總幹事

何永昌先生

運動產業背後怎樣推動香港體育發展

《香港代表》系列內容豐富且特別，第一冊書由香港運動員分享運動生涯的堅毅不朽，今次《香港代表 II》中，雖然沒有一位是職業運動員，但每一位都是來自運動場內、場外的幕後工作者，涵蓋了多個不同領域的專業，普羅大眾也許不以為意這些幕後工作者在精彩體育賽事背後的一滴一汗，然而，他們與運動員一脈相承，各自在體育的不同領域展現專長，不僅是香港體育發展上寶貴的資產，也是體育產業化中重要的一員。

讀者在細閱這些故事時，既可了解不同的體育產業，亦可深思個人在香港體育發展上的角色，作為運動員也好，作為體育工作者也好，即使作為運動參與者或觀眾，也可為香港出一分力。

回想起我在 2011 年，告別 35 年的警隊生涯後，很多人問我的退休計劃如何，我會這樣回應：退是離開警察的工作崗位，但絕對不是休，而是展開人生另一階段。參與啟德體育園項目，是我人生另一個新挑戰，一來與書中的受訪者一樣熱愛體育，二來希望藉參與此項目推動香港的體育產業發展。

香港有傑出的運動員，也需有良好的配套。佔地 28 公頃的啟德體育園，並非一般的單一場館，而是前所未有、設計獨特的綜合園區，擁有世界級的體育場地、戶外球場、活動區、緩跑徑、兒童遊樂場、零售和餐飲等，將所有與體育相關的專業、行業、人和事都連繫起來，是香港體育產業發展的重要基地，啟發各持分者的無限潛能和商機，使體育產業得以持續發展。

香港近年在各項國際體育賽事中屢創佳績，而隨著啟德體育園的誕生，將令香港體育更上一層樓，除了使香港成為舉辦國際體育盛事的中心，讓香港精英運動員可於主場比賽，享有主場之利，同時，體育園亦提供優質設施予市民享用，有助推動全民運動，全面支持政府在推動體育「盛事化」、「精英化」、「普及化」，「專業化」和「產業化」的發展。

無論運動員或幕後工作者；現役或退役運動員；全職或業餘，以至每一位觀眾、市民，在體育產業中都是環環緊扣，互相支持。啟德體育園讓大眾運動健身之餘，亦讓大家更全面、更深入認識香港體育運動的發展，從而增加對香港的歸屬感和幸福感。

啟德體育園總監（策略發展）

鄧竟成

二零二二年十二月

我是最佳第六人

程詩詠 (Brian)
專業運動攝影師

2003
獲中國香港體育協會暨奧林匹克委員會委任為代表團
義務隨團攝影師

2013
成為 Red Bull HK 指定香港區唯一官方攝影師
連續 15 年成為渣打香港馬拉松指定攝影師

每個人都會在人生某處跌倒，能否再站起來、站起後的心態卻是一門學問。

誰想到程詩詠（Brian），能夠成為香港首屈一指的運動攝影師，就是因為球場失意。

和退役籃球運動員宗銘達從小認識，小時候同期一起打波，以前試過大言不慚「佢有幾勁，點會打唔贏佢」，但結果宗銘達成為了香港歷來最佳控球後衛。Brian 讀書時已經很喜愛運動，任何運動都喜歡，亦是不少運動的校隊成員，連三級跳都難不到他，不過全部都只做後備。後備對他來說是很「無癮」的存在，因為正選是英雄，在場上的每個進攻防守都讓女孩歡呼，後備卻只能坐冷板櫈，球隊獲勝，自己也不好意思叨光。

我要做正選！

對每個運動員來說，正選是夢想，亦是堅持的理由，以好勝心與積極面對失落正選，大概是 Brian 從小就擁有的天賦。從事運動攝影之前，Brian 在不同媒體工作過，曾經在《Cyber 日報》任職攝影部主管，結束後便到《壹週刊》，薪金是全行最高的，但公司要他做偷拍，跟蹤黃賭毒，不

懂也要做，因為拒絕等於辭職，他秉持著「我要做正選」
的心去面對。「我在《Cyber 日報》就如在南華做前鋒、
隊長，到《壹週刊》就像去了曼聯，我寧願踢後衛也不做
後備。如果你永遠覺得自己差，就會情願做後備，但我不
要認輸，我可以做後衛，因為我要做正選！」後來他獲得
愈來愈多機會拍攝運動賽事，自己的未來也變得更理所
當然。

後來他一直堅持做運動攝影師的其中一個原因，正是決心
要在賽場上拾回正選落場的榮耀，「我心態上一直都是運
動員，在校隊是後備沒法落場比賽，人人有制服我也有，
只有我沒有光環，但做運動攝影師就可以有，因為大家都
需要我拍的照片。」

誠實面對自己，微笑面對事過境遷再重遇，一切都釋懷，
也值得。一天，他終於和宗銘達一起穿上香港隊制服，大
家都是香港隊代表，你是香港隊運動員，我是香港隊攝影
師，願望沒有被遺漏，只是換了形式晚一點達成，「某程
度上，是運動攝影令我可以享受落場的感覺，而且更好的
是他會退役而我不用。」笑話背後收藏了一個男孩成為運
動員的願望，他不再是後備，而是像籃球隊裡出色的第六
人，以鏡頭為球員、選手記錄成功和失敗，還有時移勢易的
無常。

> 我好享受找到高手在我前面的感覺，
>
> 面對他，我確實跪低。

PHOTOGRAPHY
AN CHING
運動攝影展

15-29
MARCH

14

對運動攝影的熱情，不是專業讓他留下來，沉迷加上貪玩的性格，才是熱情的助燃劑。沉迷讓人在乎，貪玩令人不斷嘗試。「幫 Timothy（何柱霆）拍攝跳火繩之前，我好頭痛如何做得比上次更出色，結果就在極短時間內完成跳火繩的相片，更獲 Red Bull 選為『Photo of The Month』，是我意料之外的收穫。」

只是運動攝影師？ Brian 更像運動員

Brian 在香港運動攝影絕對是大師，他自信地接受這些美譽，但一再重複表示自己是「鵪鶉」，保留在自覺不足的「鵪鶉」狀態，享受在外面輸給別人的快樂並得以進步。「我大膽說在香港運動攝影，沒人比得上我，我要進步就要走出去輸。運動攝影師和運動員的心態一樣，你在香港有多厲害沒有用，現在是全球化的時代，在世界能否發光才是重要。」

F1 賽車是我唯一會緊張的賽事

眾多比賽中，以綜合運動賽事對攝影師來說最具挑戰，因為每樣運動都要認識，特別在香港，像外國專注只影單項根本不可能，雖然從小涉獵各種運動，但還是會有令 Brian 緊張的賽事，就是一級方程式賽車（F1）賽車，因

15

此他格外需要閱讀賽事資料。「F1 高手雲集，我只是 BB 級數，賽車有太多項目要計算，所有數據都要了解。車手開了幾多新軑？知道用哪款軑起步，就可以知道他何時會入維修區。何時何地發生甚麼事，全部都可以計算得到。例如當日溫度愈高，地熱就會愈高，如果是長直路，張相會『溶』，你就會棄變焦鏡而帶定焦鏡、長鏡，令透晰度高一點。」

「賽車攝影師的高手，會清楚了解選手和比賽背後的故事，從而大膽預判畫面，這是結合經驗累積和投入感的能力。一次在阿塞拜疆，完賽後所有攝影師都返回看台準備拍攝頒獎，途中竟然見到日本攝影師櫻井寬回頭走。翌日看到櫻井寬的相片，我忍不住叫了出來，甘拜下風。他當日回頭走，是為了在遠處捕捉一位車手，在領獎位置拉開墨西哥國旗的一刻，那次原來是他首次奪三甲。」

所謂預見力，Brian 在亞錦賽男子花劍團體賽，崔浩然打最後一劍時亦可見一斑。當人人全神貫注於崔浩然，Brian 卻選擇當下聚焦張家朗，因為他預判崔浩然獲勝後將與張家朗激動相擁，選項是基於他了解二人的背後故事——從小打劍相知相交，張家朗緊張崔浩然的勝利勝過自己。

我最大的吸引力是「痴線」

「誰會像我拍攝龍舟會潛水？我是徒手潛水，龍舟一來我就潛下水，沒有救生衣只穿蛙鞋，因為穿救生衣無法潛水會被龍舟撞到，然後拿著相機踩水一個小時。我沉迷於追求別人未見過的視覺效果，唯有痴線地以命相搏。」

不過 Brian 的瘋狂只適用於自己，為求拍攝不惜冒險，當為運動員拍攝時，卻會極力保護他們，事不過三是他的標準線，除非對方希望追求更完美。讓人安心是很大的本領。

「這份尊重是玩 parkour 飛躍道的 Ryan Doyle 教我的，他說只會做一次，我拍攝不到也不會做多一遍，因為他玩 parkour 玩得很危險，每次都在生與死之間徘徊，除非他自覺做得不完美。對運動員來說，他將自己交給攝影師去拍攝，攝影師要保護他，為甚麼要重複做動作去遷就攝影師？為甚麼攝影師沒有能力一次就完成？」

最夾？個個都夾㗎！

運動員不只是拍攝對象，誠如他所言，大家更是同一隊伍的隊員，亦是齊上齊落的朋友，互相學習。「與運動員之間好好玩，很老友的相處感覺。有次在峇里，陳敬然沒有比賽，於是我去了宿舍教他們攝影，那時陳晞文還是一個小妹妹，坐在一邊看書，現在她已經結婚生子了。我當晞文半個女，本身約好昨天下午茶，因為我要為她生 BB 之前影大肚照。」要知道 Brian 有點直率又嚴厲，但說著和陳晞文的往事，臉上流露著難得溫暖的微笑，可想而知這份情誼的難能可貴。

「我為李慧詩拍攝了十多年，但我們從沒有真正交流過，直至去年在一次活動才第一次合照。但過去每次活動，她都似是故意在我的鏡頭前做小動作讓我拍下。這是我和李慧詩比較特別的交情，互相知道亦珍惜對方的存在，但未必要交流。」運動攝影師和運動員的距離，是或近或遠的一機之隔，既投入亦抽離，這份冷靜在每場賽事同樣重要。身處再刺激的賽事現場，興奮都要壓抑，「我記得 21 歲去拍攝曼聯對阿仙奴的足總盃四強賽，那時我是曼聯粉絲。第一場打和，第二場舒米高撲出 12 碼，傑斯一個扭三個，

曼聯最後獲勝，全場瘋狂。但在現場我是攝影師就要克制情緒，而且我正坐在阿仙奴龍門後面，拍攝最好的照片，是我當下最重要的職責。」

物競天擇是世界運轉的方式，看似無情，但長江後浪推前浪也是定律，不進則退，Brian 在運動攝影行頭走了超過 20 年，面對汰弱留強，害怕嗎？「時代走得很快，所以保持貪玩、青春很重要，你才會持續拍攝出令人驚喜的作品，對方才會想繼續與自己合作。我不害怕，因為我也一直在變，只要持續向前，都會在他們前面，除非退休了。我現在都是免費幫《體路》拍攝，若果收費，別人付不起，但我想進步就要主動走入新世界，懂得放下自己，才可以繼續玩。」

這份體會有點痛，正因為是切膚之痛，更讓他時刻提醒年輕人要珍惜時間。「很記得第一次拍攝 F1 賽事，Miyata 先生說我拍得不錯，但當聽到我 38 歲時，他回應『You are too old』。因為他們都是 20 歲入行，一年只有 20 場，但他已經拍攝了 500 場賽事。因此我經常告訴年輕人，若鍾情一件事，就要盡早試。」

經驗豐富是好，但同時亦代表時間流逝，運動員沒法不在乎年齡，雖然退休比退役晚一點，體能再好，變老還是無可避免。「打籃球會覺得自己體能不足，感受到自己變老。加上我有糖尿病不可以吃太多糖，當你累又吸收不足夠糖分，會變蠢和思考慢，練習個多小時已經開始腦閉塞，表現愈來愈差，就會感到好失敗，所以我現在不打籃球，但仍然會告訴他們下次比賽別忘記找我，我是最佳第六人，我會幫你們拍攝！」■

02

/ 文字創作者 /

用寫作魂，描寫籃球與武術

喬靖夫（劉偉明）
文字創作者

2000

憑《深藍》一曲奪得香港作曲家及作詞家協會（CASH）最佳歌詞獎

2008

出版武俠小說《武道狂之詩》，其中卷一及卷六分別被列入第 21 及第 22 屆「中學生好書龍虎榜」60 本候選好書。

2019

在網上平台連載長篇小說《跑攻籃球 RUNNING 5ive》

說到喬靖夫（劉偉明），離不開鐵三角身分：寫作魂、深度籃球迷與武道狂。

「五十知天命」，今年 53 歲的他，彷彿已穩健地走在自己喜愛的人生道路。台灣作家李欣頻說，天命是由全然專注的狂熱，一直累積至沸點之後質變，就像是冰變成水、水蒸氣，她以 NBA 籃球明星 Kobe Bryant 為例子，籃球是他的天命，後來他將籃球運動轉化成不同界別的天賦，製作出奧斯卡最佳動畫短片《Dear Basketball》、完成傳記《曼巴精神》、成功投資運動飲料 BodyArmor 等，跨界的天賦都與天命密不可分。

喬靖夫對運動的熱愛，成就了他寫作的天命，愈愛愈寫，愈寫愈愛。從文學看運動，將籃球和武術分享給人們。

不打籃球，也能於字裡行間感受運動的熱血激情。

不諳武術，也可以一頁一頁遊歷武林。

25

"

我覺得我最叻還是寫作，
所以會想用文字介紹，並
深入描寫我所熱愛的籃球
與武術，我的小說、專欄
題材都是從不同角度去描
寫運動與武術。

"

是武術喚醒了我

喬靖夫的《武道狂之詩》，獲稱為香港新派武俠小說，除了令現代人投入武俠世界，亦令武術再次受到注視，因為他不只寫出精彩的武俠小說，更習武數十年，由空手道打到菲律賓魔杖。

別以為寫作出色的他，讀書就一定精叻，原來喬靖夫初中讀書成績很差又好動反叛，對很多事情都沒有興趣，是個令人頭痛的孩子，直至 15 歲。「我記得中三暑假看了電影《The Karate Kid》（龍威小子）後，突然對空手道很有興趣，於是便在附近的青年中心參加空手道班，正式接受訓練，而鍛鍊的過程改變了我整個人和人生，成績亦變好。」空手道讓他找到自己想做的事，親眼看見努力付出後獲得成功的人會變成怎樣。

練習了空手道六七年直至大專，參加過香港空手道總會全港公開賽，獲得銀牌，除了獎牌，空手道更為他鋪墊了日後寫作的本命。「我寫作的世界是武術帶給我，如果我沒有練武，我不會變得有耐力、韌度去寫幾萬字的小說，李

小龍說過武術就是『honestly express yourself』，我是練武之後再投身寫小說，這些性格已經植根於心，然後在寫作上展現。」

活著就是為了這一刻

喬靖夫雖然笑著說自己也是香港運動員，他對運動的熱愛

濃度確實不輸全職運動員，新世界由空手道開始，再經籃球帶領如花盛開。

90 年代，NBA 賽事可以在電視收看，無數巨星就如 Michael Jordan 讓人們拜倒籃球下，加上井上雄彥的經典籃球漫畫《Slam Dunk》（男兒當入樽），讓籃球熱潮如火如荼，喬靖夫也是大約 1991 至 1992 年開始喜歡打籃球。「我其實很遲才打籃球，那時都 21、22 歲了，主要打街波，一邊看 NBA 賽事，再一邊打『散手波』自己模仿，直至

2013 至 2014 年加入了 Mediators 這支球隊，40 歲後才接受正式籃球訓練，那時開始了籃球的另一個層次。」

「Mediators 傳鬥士」是由傳媒從業員組成的業餘籃球隊，喬靖夫是球隊隊長，雖然只是業餘，但球員練習和比賽都非常認真，之前更不時到台灣短期集訓和打友誼賽，不知不覺已經近十年。「空手道是一個單人活動，個人運動的好處是自己完全負責，而且有種求道、修行的感覺，對我寫作有很大幫助，而籃球令我享受到團體樂趣和友誼。特

別是當你和隊友打到很有默契的時候，做到完美的一球會令你很享受，誇張地說，活著就是為了這一刻。籃球亦可以自己一個人打，獨自在空曠的籃球場射波又是另一種很禪的感覺，只有你、籃球和籃球框，不斷重複又是另一種享受，籃球有很多打法，很自由。」

武道精神就是運動精神

喬靖夫後來沒有再練空手道，但武術的天賦也沒有離開。空手道開啟了武術的大門，培養了他寫作小說的根基；菲律賓魔杖增加了他對兵器的認識，幫助他寫武俠小說，也讓他從徒弟變成將武術傳承後人的教練。

「其實 80 年代看書已經認識菲律賓魔杖，很有興趣但無奈當時沒有人教授。畢業後第一份工作是翻譯的夜班工作，沒甚麼時間練習空手道，加上又覺得沒有吸引的新元素，而且畢業後的時間都花在打籃球，就不知不覺放低了。直至大約 2003 年，我都過了 30 歲，香港開始有人教菲律賓魔杖，我想重拾武術，而且我未學習過兵器類，增加對兵器的認識，對於寫武俠小說、動作小說都會有很大幫助，所以我便開始學魔杖。甫開始學習已經很喜歡，直至現在已過了差不多 20 年。」菲律賓魔杖的歷史不深遠，不如東方武術經過長時間的累積，是菲律賓人民透過對抗外敵入侵時改良出來的，講求實用，因此訓練相對自由度高，過程容許很多創造性和即興性。

> 我好喜歡 Allen Iverson，他將每場賽事，
> 都當作生命中最後一場去打，我覺得寫作也是如此。

習武數十年，年代更迭，現代社會變得相對文明、和平，令武術從古人生死之鬥的技能，轉化成表演性較高的體育運動，縱然形式改變，但精粹沒有被潮流丟棄。「到了現代社會，我覺得武道精神就是運動精神——尊敬對手、尊敬技藝、求真求進和實事求是，練武之人的武術訓練，和鍛鍊運動看來沒有太大分別。」

「我的偶像是李小龍，他說自由和創造是他的武術核心。」喬靖夫熱愛的武術和籃球，深深地影響了他的創作，亦成為寫作題材。

「我好喜歡 Allen Iverson，他的個性很強烈，他就像一個藝術家，他的運球、見縫插針的進攻都散發著爵士樂的即興感，下一秒連他自己都不知道會如何做，很令人吸引。而且他雖然報稱 6 呎，但大家應該都知道佢只有約 5 呎 10 吋，只高我 3 吋，重我十多廿磅，我幾年前到洛杉磯看 NBA 球賽，見到前鋒都 6 呎 8 吋高，然後我想像一個高我幾吋的人，無畏地殺入其他高大的球員之間，那份勇氣很令人震驚，他用生命打波的方式令我好佩服，將每一場賽事，都當作自己生命中最後一場去打（playing every game like it's your last），我覺得寫作也是如此，因此我寫每一本書都完全沒有保留。例如我寫《武道狂之詩》，21 集的每集都至少有一場打鬥，無論是描寫方法、橋段都好，我堅持要用上以前未試過的方法。」

「打波其實是社會縮影，從中了解人如何合作並互相配合，團隊裡會有不同的人性衝突，這些體會都幫助我寫作時處理人物性格和關係。」最為人津津樂道的《武道狂之詩》，看似是武俠小說，內裡其實也充滿現代氣息的運動元素。「我會將自己的練武經驗和細節寫到小說，亦會將運動訓練融入情節，例如小說裡的武當派，我用了很運動的方式去描寫，就像一間很大型的運動學校，大家不斷競爭和選拔，要知道選手層夠不夠厚會很影響選手水準。我將很真實的鍛鍊方式融入小說，所以和以往的武俠小說有所不同，以前可能練到第 18 層，就會贏過只有 17 層的人，但我覺得運動和武術都不純粹是數值。」

球員是一個完整的人

「運動其實不是數據，不是獎牌，而是故事，所有最印象深刻的比賽和事跡，都是故事。裡面有很多角色與感情，所以看運動文學的時候，其實我覺得是詩。」想到運動，大多數人都會聯想到比賽、分數、獎牌、勝負，因此喬靖夫特別喜歡運動文學，大抵本業是文學，他特別喜歡閱讀他人如何從文學角度看運動，以及扣連人的感情，而不只是寫下冷冰冰的數字。

「我經常覺得如果你想做一個深度球迷，就算不看書，都要看網上關於球員背後故事的文章。因此，我不時會在專欄

> **有些觀眾看賽事有時太功利……太過功利會忽略很多故事，我想透過文字寫作去讓大家了解運動更多。**

介紹傳記，例如 Michael Jordan，我最喜歡不是講述他取得六次冠軍，而是寫出他是一個求勝慾望達到偏執的人，這一點才是決定了他往後的人生歷程。我嘗試用感性的文學角度，吸引喜歡體育運動的人，了解到球員是一個完整的人，不只是一個扭過五個般簡單，有些觀眾看賽事有時太功利，評論哪個球員應該要賣、要交易，太過功利會忽略很多故事，我想透過文字寫作去讓大家了解運動更多。」

籃球屬於所有人

籃球漫畫熱血，球迷與否都會看得興起投入，喬靖夫將籃球和對籃球的喜歡，寫成小說。

「其實開初沒想過寫籃球小說，雖然我愛上籃球很多年，契機緣於有品牌想宣傳 Kobe Bryant 球鞋系列，邀請我從他的特質去寫九篇籃球故事，那時我想『得唔得㗎？籃球小說有無人睇？』但後來發現原來可以呀！企劃完成之後，我還是一直想再寫。」

後來，他筆下的角色愈趨多元化，由籃球阿伯、球場大叔或是籃球女生都有，他們都是現實生活會遇上的人，例如籃球女生，就是取材自台灣、香港的籃球學界比賽和籃球聯賽，球員英姿颯爽的姿態。「我寫籃球最重要是，可以屬於唔同人，甚至屬於所有人。」喬靖夫說最新計劃，是寫以青年角色為主的籃球故事，透過新嘗試的年齡層角色，展開新歷程。

我要打到 100 歲！

小說寫了十多年，習武數十年，籃球隊也打了近十年，喬靖夫坦言這些年的得著不是自己變得厲害了，而是隨著年紀漸長，能力下降也不緊要，最重要是不斷學習到新知識。「就算 60 歲我也會想學習新事物，因為學習新事物本身已經是樂趣，就如 YouTube 現時有很多籃球教學影片，我很喜歡看完寫筆記，然後自己練習嘗試。」

人出生便是步向死亡，小說家也好，籃球迷或武道狂也好，逃不過跑不掉，因此盡情享受可以做到的事直到世界的盡頭，就是人的樂趣。

「去年 Mediators 有個內部的 3 人籃球比賽，我的隊伍獲勝，因為不設獎盃，所以我想買禮物送給隊友記念，結果我在一間台灣網店找到幾個有籃球的鎖匙扣，附有寫上『我要打到 100 歲』的掛布。另外，有本我很喜歡的漫畫《宅男打籃球》，有段故事是一班 70 多歲的老人家打比賽，他們說『我們要打到入棺材』。這些都是我的想法，希望能夠打波的時候就繼續打，能夠跑就盡情跑；跑不到就站著打，等別人傳波給我；再不然就自己射波都好。有句說話我很喜歡，『每天都是餘下人生的第一日』，到了我這個年紀，53 歲，生命只會不斷失去，簡單如以前做到的事，現在體能上可能做不到。但與其不斷想著失去，不如想想今日可以做到甚麼，學習甚麼新事物。」■

球證基本上
是一個必定
會出錯的工種

有說數十年的生命快樂與否，精彩與否，不在乎完成了幾多開心事，而是做到遺憾最小化。對球證來說亦然，每場足球賽事的精彩不限於勝負、氣氛熱烈，因為 90 分鐘的賽事也是考核球證的戰場，他們必需要努力鬥少犯錯，不如球員講天分，更多是靠經驗，極力減少犯錯。

羅碧芝 (Gigi)
FIFA 國際女子足球裁判員

FIFA 國際女子足球裁判員、Mens Class 1 香港足球總會註冊男子一等裁判員、Women Class 1 香港足球總會註冊女子一等裁判員、AFC Elite 亞洲足協精英裁判員、香港足球總會裁判考核員及導師。

2018 年執法女子 U16 亞洲盃決賽周，擔任決賽裁判。

代表香港前往英國與一眾英超裁判交流並執法英國女超足總盃賽事

執法中國對巴西及日本對加拿大等國際女子足球友誼賽。

成為香港超級聯賽其中一位主裁判執法本地職業聯賽賽事。

吹好定唔吹好？

羅碧芝（Gigi），香港唯一的女子足球國際裁判員，16 年的功力讓她成為香港首屈一指的裁判員，也經常到海外執法亞洲足協的國際賽，她坦言：「有人會形容球證是賽事的主宰。」

觀眾「睇波」大多專注欣賞球員英姿，勝負結果，對球證的印象則離不開「擲公字」、「吹雞」、「舉牌」，甚至和球員爭執，或因判決而被球員鬧、觀眾噓。在明，球員是主角；在暗，沒有球證就沒有公平的賽事，他們的一個判決可以左右風向，主宰勝負。

「但我做球證不是為了主宰，而是為了可以順利完成場波，又做到很多不容易的決定，成功感會非常大。」足球球證的作用，就是執法賽事，維護球員安全，令賽事順利並按球例公平進行，同時保持可觀性，不會見到少少肢體觸碰就動輒吹哨，否則球賽會悶到慌，掌控流程令球賽成為高水平賽事。但怎樣才算是高水平賽事呢？

「觀眾入場並不是為看球證『吹雞』，而是想看球員踢波、入波，所以何時運用得益，何時吹停賽事是一個學問。如何拿捏可觀性，拿捏不好會變成不公平，『吹好定唔吹好？』是很重要的決定，亦是球證的挑戰，特別在禁區吹哨是非常重要的決定，十二碼呀。」

慶幸沒有成為運動員

「我沒有成為運動員而做了球證,其實令我眼界大開。在我的主項目排球和足球,很難打到國際層面,但現在做了球證,只要努力些,我已經可以參與男子賽事、國際賽事,我甚至可以在英超利物浦賽事作後備裁判。」

球員在鎂光燈下閃閃發亮,為甚麼羅碧芝會想成為球證呢?從小好動坐不停,運動是 Gigi 的能量出口。中學參加越野跑,那時獲得學界最佳運動員的大多是中六、中七的師姐師兄,誰也沒有想過羅碧芝這個中三妹妹會創造歷史,後來亦兩次代表香港參加埠際賽,跑步以外她亦喜愛打排球,贏過學界排球精英冠軍,大專修讀運動,因為喜歡運動而加入女子足球隊,更考取了排球和足球球證牌照。「踢波很多時都不理解球證為甚麼 foul 我,令我無法享受賽事,所以我就讀了球證班,想了解更多,結果發現很有趣,因為我學懂怎樣在賽事踢得更好,令我更喜愛足球。愈做愈覺得好玩,90 分鐘可以讓我繼續跑,而且還有裁判費當作兼職。」最後,Gigi 選擇成為了足球球證。

> **每次執法球賽就是鬥少犯錯。鬥少,並不是沒有,因為不會沒有犯錯。**

「我好喜愛這個運動（跑步），而球證是另一個方向，令我在運動這個舞台繼續發展。」無心插柳柳成蔭，結果 GiGi 不知不覺過五關斬六將考試再升級，由新球證、三等、二等到一等，得到足總提名成為國際球證，30 歲通過亞洲足協考試並成為亞洲足協精英裁判，更成功代表香港到海外執法亞洲賽事、國際賽事，至今已經 16 年。

「中國足協每年都會舉辦四角邀請賽，3 支外國球隊連中國隊進行循環友誼賽，連巴西的瑪達都會去踢！有次中國對巴西，巴西領先 2：0，半場後中國急起直追，最後 2：2 打和，巴西由贏變打和，正常都會有點不爽。賽事完結後大家等待頒獎禮時，巴西隊領隊竟然走過來主動讚賞我，『我覺得你做得好好，我想送件球衣給你，你接受嗎？』我從來沒有想過，竟然會有領隊主動欣賞一個球證，即使賽果不如理想。」

> 每場波有二三百個決定要處理，每個球證都是鬥少出錯，有錯就鬥微細，例如不要在十二碼、紅牌等重要事件上犯錯。

除了執法國際賽事令 Gigi 眼界大開，海外交流也令她收獲經驗和友情，可以和李斯特城的華迪合照，又可以踏在英超球場的大草地，更結識了好多好朋友。「每年我都會去英超交流，男子英超聯有位職業助理裁判員 Sian Massey，可說是女子球證界的代表，因為交流機會令我們成為了好朋友。我們會看球賽，我又會到她家作客，當她來到香港我又帶她去四處玩，包括海洋公園、昂坪 360 等。」

香港現時沒有全職球證，任何人只要通過體能及色弱測試，筆試合格就可以成為球證，所以 Gigi 說除了有一大班好兄弟，更笑說擁有了解決生活難題的後援團隊，「好多香港球證本身都有全職工作，例如紀律部隊、大學教授、護士、老師……隨時叫救命都會找到幫手，維修電器、突然要搬運，甚至法律意見都幫到你手！」

我當自己是另類運動員！

很多人喜歡形容球證「行行企企好阻埞」，其實 90 分鐘賽事跑足全場，更要金睛火眼留意賽事細節、球員狀態，要反應迅速做決定，無論是體力還是精神都是非常虛耗，難怪 Gigi 會說自己是個另類運動員。球證每年都要測體能，一年香港兩次、亞洲足協一次，加上要做到香港男子最高水平的男子超聯賽事，她要更努力操練，絕對不比運動員輕鬆。「雖然做球證不是比拼速度，但我也要符合特定的體能標準，所以每天早上 7 時多上班，傍晚 5、6 時放工後就要去練跑，每星期練跑 2 至 3 次，星期六、日做球證。每次操練都好累，但我都會告訴自己『跑啦！練半小時、一小時都要練！』」

縱然辛苦，但 Gigi 一說到每次錦標賽淘汰戰的刺激就好興奮，看著輕鬆，聽起來汗都快滴下來，賽前體能操練、閱讀球隊策略，賽後亦要檢討，和球員一樣夢想打到決賽。因為要做球證不算難，但要成為出色的國際級球證就好難，說是過關斬將一點都不誇張，Gigi 做過東亞盃決賽周、U16 亞洲盃決賽周、亞運四強賽事，亮眼的成績表後是你死我活的戰場，如她所說就像選港姐。

例如聯賽的每場賽事都會為球證評分，高分可以做後期的重要賽事執法，小組賽事有 10 個球證，每人一場，看表現作淘汰，八強剩下 5 個球證，四強只餘下 3 個，球證要盡力在每場表現出自己的能力，可觀性、流暢度，處理受傷所需時間，和球員的溝通的能力等。「做錦標賽的壓力是源於你今日做完賽事，導師晚上會將你在賽事的表現影片剪接好，翌日在課堂上重看，全部球證一起研究每場賽事的事件，做得好大家就拍手，處理不當就會話就會被指出，希望你改善。」就像讀書時測驗卷被老師投影在黑板，讓全班同學都看到的感覺好赤裸。

男裁判有二百幾人
女裁判只有十多個

球賽是一個相對重男輕女的圈子，大眾會著迷於男子足球、籃球，多過女子足球、籃球；球證也大多是男生為主，特別是男子球賽，即使社會進步也只能逐步消除性別標籤，再厲害如執法男子英超聯的職業助理裁判員 Sian Massey，也曾經被球隊教練公開性別歧視，叫她返回廚房、照顧小朋友，即使該教練最後被解雇，有甚麼比起從一開始已是公平的對待更美好？ Gigi 是香港唯一一位國際女子裁判員，也是唯一一個執法本地男子超聯賽事的女裁判，是亮眼的奇蹟，也是沉重的壓力。「香港、英國的歧視情況差不多，所以我們要有強大的心臟，自己唯有更努力做好自己，用行動說服大家。男裁判有二百幾人，女裁判只有十多個，我不想別人歧視我是女生，我希望代表女性告訴大家，女生可以做得到。」

只要通過體能測試、球證考試都是裁判，而男裁判、女裁判其實各有所長。女裁判比較細心，願意解釋下決定的原因，以比較溫和的表達方式令球員容易接受；男球證可能會用較惡的方式來控制場面，就如 Gigi 見到球員不舒服，可能會主動問一句要否出場處理，令球員覺得窩心。雖然女生做球證有好處，但也有天生的限制，「女生做球證和男生做球證的最大分別，是女生會受生理期影響狀態，因此女生要花上更大心力。另外，女生生了小朋友後，體能會有很大影響，而男生不用經歷懷孕，即使有了小朋友也能保持體能如常。」

女生的球證路不容易，但足球裁判帶來的禮物有很多很多，甚至讓她變成更好的人。眼前的 Gigi 為人爽朗，快人快語，想不到曾經也是個倚賴父母的公主。「球證生涯改變了我，因為中學跑步很出色，令我變得很自我、目中無人，不懂與人合作和溝通，自己的感覺勝過其他人，但做球證要四位一體，必須要與別人合作和溝通，也要冷靜處理球員情緒，我慢慢懂得照顧別人感受，也懂得怎樣哄人開心。」

16年來曾經試過只有她一個女生球證，現在有十幾個，「我會希望有更多女生加入，亦希望擴闊女子足球國際裁判的數目，現在我們有四個位置，但暫時仍然只有我，因為新加入的妹妹，還未有足夠經驗。」

最後也成為老師——體育老師

香港沒有全職裁判，所以裁判以外，Gigi 另一個身分其實是體育老師。之前為了搏殺球證事業，辭去原本的小學體育老師工作，參與一個聯賽至少要請假 14 至 21 天，不捨得為自己追夢而拋下學生，要知道每個學生也有自己的夢想。後來疫情來襲，改變了人們的生活，球賽紛紛暫停，Gigi 又重新當上老師。2021 年慢慢解封，她得到夢寐以求的機會，在亞洲盃（成年隊）決賽周球證，賽事雲集亞洲最強隊伍，只有很少數考有 VAR 牌照的精英裁判獲選，連她任教的中華基督教會拔臣小學校長鍾惠娟女士，都極力支持她追夢，不過美夢沒有成真。「當時實施熔斷機制，因為去完印度後我無法返回香港，要再到其他國家『漂洗』14 日才可以返回香港，最後可能要花上 30 甚至 50 天，我

很不安，所以我放棄了機會。我 39 歲啦，兩年後體能如何？還能毅然放下事業嗎？所以，這是我的一個遺憾。」

裁判事業重要，教學生涯也很重要，16 年再精彩，也會有退下來的一天，但因為在運動收穫豐富，Gigi 很希望在體育方面教育新一代，將自身經歷的體會分享。「我經常告訴學生『天生我材必有用』，最重要是有自我價值，羅老師雖然做不成英文老師，但最後也成為老師——體育老師，運動就是我所專長。」

香港有人做到世界盃球證不出奇！

2022 年世界盃決賽周，寫下了 92 年來的一個歷史記錄——第一次有女球證執法，更有三位女性主球證、三位女性旁證，香港現時未有世界盃女球證，但 Gigi 深信未來的可能性，因此她積極培育新血。

「可能有人『唔玩（球證）就唔玩』，但我覺得要回饋。」這或許是老師的心態吧，無私教育，希望一代新人勝舊人，不希望揩上光環獨善其身，所以她三年前開始幫忙教裁判班。香港的裁判工作隨年代逐漸受重視，後來政府通過了「鳳凰計劃」，香港足球總會成立了裁判部，Gigi 積極推廣裁判工作，更努力爭取機制改革，吸納更多新血。「我三年前終於可以三線發展，成為教練、裁判和球員，我當初 22、23 歲入行，用 7 年做國際球證，8 年做精英裁判，現在相比以前有更多資源，如果現在入行，縮短至 5 年都可以成功，將來香港有人做到世界盃球證不出奇！」■

04

不只是醫生的
體壇守護者

容樹恒
體壇名醫

中大醫學院助理院長（校友事務）、矯形外科及創傷學系系主任、香港運動醫學及科學學會主席、亞洲運動醫學會聯合會長

2009
香港十大傑出青年

2015
民政事務局局長嘉許計劃

2018
獲委任為太平紳士（JP）
香港精英運動員協會金搖籃獎

2021
獲頒發榮譽勳章（MH）

"
大可以去問精英運動員，有好的
醫護人員幫忙克服傷患去比賽，
還是有秘密武器重要？
"

「運動員知道就算有問題，容醫生一定會幫他們。」

在比賽世界裡，勝負的距離可能只是霎眼一秒。很多運動員為這一秒花上無盡心力，不過一句老掉牙的說話依然正確——「沒有健康的身體，一切都是浮雲。」即使取得決賽舞台的入場券，健康不在狀態或是受一點傷，都足以將勝利的可能性全然抹殺。

近三十年來，容樹恆教授治療過很多香港精英運動員，亦致力發展香港運動醫學，成為運動員比賽時的最強後盾。「有人問我運動醫學做得好，可不可以幫何詩蓓游快一秒？幫張家朗刺出致勝一劍奪獎？我當然說不可能啦。不過，你大可以問何詩蓓、張家朗，體院哪種支援最重要？有好的醫護人員幫忙克服傷患去比賽，還是有秘密武器重要？」容教授坦言運動醫學從來不可能被量化，但運動醫學的水平卻會直接反映在運動員的成績。「不管球隊有多少個好波之人，愈少受傷，成績便會愈好。」深知道健康遠遠重要過一時三刻的好狀態，容教授一直選擇與香港運動員同行，「for the good of Hong Kong」。

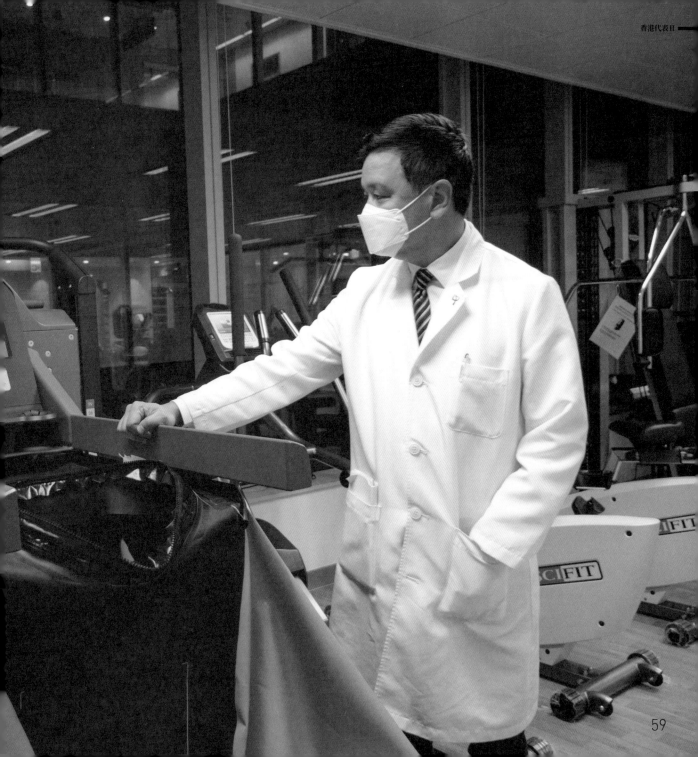

十字韌帶受傷改變一生

容教授從小熱愛足球，跟著哥哥入場睇波，南華、精工、寶路華；長大後與同學踢校隊、青年軍、預備組，80 年代的年輕人都希望成為職業球員，「那時你問我最想做甚麼？我最想踢波！」願望的美麗，在於它未必需要被實現。容教授走近過那足球夢，但最終沒有到達——他發現自己的水平其實未達頂尖，而且中七高考成績很好，大學選修了中大西醫。忙碌的課業和大學生活，讓他沒有再參與足球隊的定期訓練，慢慢脫離職業球員的軌跡，但他仍然是中大足球隊隊長。

一次，容教授帶領中大足球隊對決廣州體育學院代表隊，在中大夏鼎基運動場合演慈善賽，為中大學校友會籌款。儘管款項高達一百萬的賽事很重要，不過更重要的是，他自己的人生也因此改變了。籌款賽下半場，打中堅的容教授與對隊前鋒跳高爭頂碰撞，不小心斜歪落地，拗斷十字韌帶。當時香港的運動醫學仍在起步階段，是連磁力共振仍未出現的年代，大眾還未熟知十字韌帶受傷的處理方法。因為眼見沒有明顯腫痛，容教授又繼續回到足球隊踢波，但從此經常受傷。數年大學生活，他進出威爾斯親王醫院五六次，最後在醫院主管陳教授的意見下，接受手術。

那時是 1994 年，在醫院裡靠看著世界盃度過康復期，28 年後的 2022 年也適逢世界盃，容教授回想起還是說道：「十字韌帶受傷改變了我一生。」雖然遺憾，但世界也沒有變成末日，反之更開展新里程。這次經歷令他實習時選擇了骨科並成為骨科醫生，最後更進修運動醫學，守護香港運動員。

做到不等於做得好

做運動員的主診醫生，很多人看來都覺得有光環，但實際上他為此付出了無比心力，正如容教授所說：「我大可以輕輕鬆鬆只留在辦公室診症，或是將時間用在多一個手術更賺錢。付出時間、心力都是因為熱愛才會這樣傻。」這份傻勁源於熱愛和在乎，也源於自己年輕時的經歷。

容教授多年來培育過不少運動醫學的後輩，有人是因為可以跟著教授去做香港隊隊醫，喜歡當中帶來的榮耀，不過一兩次後就會離開；有人跟著教授到比賽侯命，埋首玩手機甚至打瞌睡，只等最後拿件波衫拍照，未必會一兩次後就離開，但不會做得好。「我挑選團隊成員的準則，一定要喜愛運動。我很幸運，可以一直投身自己喜歡的事，如果每日都在為自己喜歡的事而努力，你不會覺得自己在工作。」

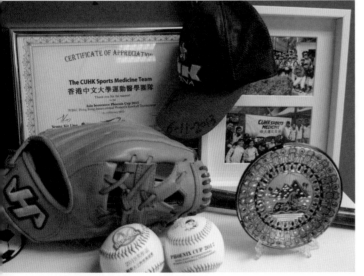

喜愛運動，令容教授每次出勤都專注做好自己本分，也能享受是次出勤，但要持續二三十年風雨不改去做，就需要熱誠。「喜愛和熱愛又不盡相同，熱愛會令你不計較付出，甚至可以付出得比原本更多；熱愛才會令你持續地投放心機、時間和精力，甚至沒有薪金也願意做，這樣才會做得好。」因為熱愛工作，也因為以前十字韌帶斷裂的痛苦經歷，容教授能夠代入運動員受傷時的焦慮，這份代入感令他無論何時收到他們的急召，就會盡快為他們解決，急他們所急，「過去近三十年來，我星期六、日都睇好多症，因為最難找醫生。周末放假當然想懶，想在家看阿仙奴比賽，但你收到他們運動受傷急召救命，自然會好著緊。我覺得做醫生最難過不是遇到不懂得的問題，而是你因為一時懶惰選擇忽視傷者的呼喚，從而令他們延誤治療，會很難過、很內疚。」

要做得好，容教授坦言更需要懂得享受過程和團隊合作，和運動員無異。即使沒有站在比賽舞台，每次都需要金睛火眼地留意賽事和運動員狀態，和團隊成員一起全力以赴，只有一個人不能成事。「如果你和張家朗、李慧詩說，比賽當日只要隨便踩兩圈、刺幾劍就可以奪得金牌，他們絕對不會開心，經歷過辛苦訓練、和對手奮戰後，獎牌才有意義，更有滿足感。」

受傷就是第二場比賽

對運動員來說，最渴望就是上場比賽，最怕就是受傷患病，一次就足以毀掉運動生涯。面對運動員的受傷，醫生也有無能為力的時候吧？「有時我也不能向他們保證一定會康復，但我很少會說『你唔得㗎啦』，首先我都要對自己有信心，如果我一開始就說不可能，運動員都會覺得『容醫生都認輸了，我一定無法康復』。因此，我每次都一定會向他們清楚講解治療和康復過程，以及當中的可能性，然後告訴他們要視之為第二場比賽來盡力面對，盡力到最後若果還是打輸，至少心甘命抵。」

醫生的努力固然重要，病患的心態才是最關鍵，因此容教授堅持醫人同時醫心。「有前輩會說，我們是醫人不是醫病，當然醫生一定要有知識、經驗和技術，空殼上場就算想醫心都於事無補。我深信每個人都充滿智慧，特別是對於自己的健康，其實他才是主宰。」醫生想為受傷的運動員取得最大的治療效果，除了提供最適合、有效的治療計劃，更需要他們對自己全然的信任，信心加上關心才能醫心，「受傷的運動員其實好大壓力，這會影響整個康復過程，所以不能只做診斷、手術然後 cut and run，要關心他其後的康復過程有沒有出現身體和心理的問題。」

就像香港體操運動員黃曉盈，2015 年訓練期間失手，意外導致兩膝四條韌帶斷裂，容教授也努力跟她說「我哋得㗎」，但那時他認為只有六七成的可能康復，覺得她可以像正常人走路已經好好，但他堅決不會說出「Angel 你以後玩唔到體操」。結果，憑著別人捐出的韌帶，黃曉盈膝蓋所有韌帶得以成功重建，「我一直和她同行了兩三年，逐步逐步康復。她之後再度參加比賽更成功奪得獎牌，你會覺得這是奇蹟，但我覺得是大家一起盡全力。」

容教授的辦公室，牆上掛了一幅黃曉盈送給他的畫——一個被救起的天使，旁邊寫上「with your love, you reassured me, with your hands, you restored me.」

守住運動生涯的界線

「我載過很多運動員。」李慧詩、黃曉盈、石偉雄……都坐過容教授的私家車；受傷以外，也在於相約食飯、行山，這份友情是同行的結果。

容教授一直很強調與病患同行的重要性，「同行遠超過醫療過程，在辦公室診症很多時都只能表面地傾談，因為另一半或教練可能在場，不方便完全表達自己想法，因此有時我會經 WhatsApp 了解他們受傷後與康復過程的大小事。」愈了解他們對未來的期望，愈能安排好合適的療程細節，讓他們知道過程中就算有問題，容教授一定會幫助他們解決。「當然都會有界線，我叫他們感情問題不要問我，我不懂的。」容教授笑著說。

作為香港體壇醫學團隊的靈魂人物，精英運動員不論參賽或退賽的決定都會與容教授商量，就如之前張家朗因傷退出全運會。「作為運動員的主診醫生，我一定要拿捏好安全線，守住身體的健康，同時盡量讓他們去訓練、比賽，始終運動員的健康最重要。每個精英運動員會不斷有訓練和比賽，亞運、全運、奧運每個都重要，所以我要守住界線，也要承擔得起決定的壓力。」

容教授第一次面對這種壓力，對象是武術運動員鄭家豪。那時，他在世界武術錦標賽前六星期膝蓋受傷，容教授診

斷後說他受傷嚴重，不適宜參賽，因為強行比賽的話，最嚴重會跛。「他問我可不可以用一個最簡單的方法，令他可以參加比賽，因為這是他退役前最後一個大型比賽，很希望帶領團隊為香港取得獎牌，他說為圓心願拼死都不怕。當大家說得清清楚楚後，我會代入他的心情去思考，所以我就盡力幫助他，跟他說『如果因此受傷就鬧我啦』。」

運動屬於香港市民

容教授在香港體育學院做義工 20 年，與本地精英運動員一直同行，但同時亦令他逐漸看到關於香港的問題——香港體育學院不是為服務市民而設，接受到運動醫學服務的只有 1,100 個精英運動員。

隨著社會發展，愈來愈多人參與體育運動，為社交玩樂亦為健康。運動是良藥，要預防慢性疾病，例如糖尿病、心臟病或高血壓，最好的方法就是定期運動，因此市民需要更多專業的運動醫學服務支援。「如果運動醫學的支援，趕不上社區運動愛好者的普及化，造成的落差會令很多人因為做運動而受傷，卻無法得到合適的治療服務和相關知識。」

由容教授讀書時期開初到目前，香港的運動醫學發展在亞洲有領先地位，但普羅大眾對於運動醫學的印象，大多只

停留於運動受傷後做手術或物理治療，或是只適用於精英運動員的治療。但其實它涉獵的範疇很廣，任何關於運動相關的健康問題，或是影響表現的問題都屬於運動醫學。「運動創傷、康復、手術、心理、營養、生理等都在運動醫學內，例如馬拉松，練跑過程的受傷診斷、治療康復；馬拉松賽前的飲食，包括比賽三個月前、一星期前、一日前的飲食都屬於運動醫學。」因此，容教授建立的運動醫學團隊包括了醫生、物理治療師、護士、創傷防護員、體適能訓練員、營養學家、心理學家、生物學家等，一起推出「運動醫學在社區」（sports medicine in community）和運動醫學碩士課程，讓更多人可以學習到專業的運動醫學知識，更令本身已在社區內提供運動醫學服務的人士專業化，令大家可以幫人亦可以幫助自己，「love sports, play smart」。■

05

落入凡間的
女飛魚

李穎詩
體育活動策劃

前香港游泳代表隊成員

日本廣島亞運 4×100 米

自由泳接力賽銀牌

北京奧運火炬手

曾參與策劃：

渣打香港馬拉松、

新鴻基地產香港單車節、

新世界維港泳、

Formula E、

保誠香港網球公開賽、

勞倫斯世界體育獎頒獎禮

游水沒有離開過我，
只是我的身分改變了。

不論時代，改變都是挑戰，同時也是提升自我的助力。雖說世上沒有完全相同的河流，但人們面對軌道轉變總是帶著擔憂，放手過去，擁抱未知的未來，需要很大的勇氣。

但改變從來不是終點，而是一個方向。就像前香港游泳代表隊成員李穎詩，從精英運動員走到國際體育公關；由當日為了亞運、奧運日游夜游，變成維港泳的統籌，更與兒子一起完成泳賽；退役轉型初時懵懵懂懂，現在是推動香港體壇齒輪的學長，唯一沒有改變的，是她對體育的熱愛。

做運動員要放棄很多

比起其他香港代表隊隊員，李穎詩 11 歲才學習游泳，算是起步很晚，但 18 歲便在日本廣島亞運 4×100 米自由泳接力比賽裡獲得銀牌。她從小喜愛運動，所以經常參與不同課外活動，但學習游泳卻要到 11 歲才開始，源於學校一個暑期游泳訓練班，一學便喜歡。一步步由學校暑期班，到元朗區內泳會，之後轉到香港隊前預備班訓練，比賽愈見成績。雖然遲起步，但天賦讓游泳的過程水到渠成。「我意識到教練叫我做的所有訓練，游很多圈、追成績也好，我都可以輕易完成，大概這就是天賦。」

有天賦不等於無須努力，因為較遲習泳，又需要兼顧學業，李穎詩的游泳訓練之路變得很濃縮——早上游兩小時，上學八小時，放學休息一小時後又再訓練大約兩小時，中間不時加插體能訓練約一小時，回家趕忙晚餐然後做功課、溫習，日日如是。「練完早水，上堂已經好累好睏，所以要爭取時間在上學、午膳、回家途中休息。早上五六時起床，晚上十時要睡覺。雖然辛苦，但這個循環令我培養出時間觀念，日後工作大派用場。」

游出成績的一刻就是快樂

對一個學生來說，成為精英運動員等於放棄了青春，朋友

周末放假去玩，而她不是比賽就是休息，想偷懶卻又內疚，到底為甚麼會堅持？「目標好重要，當我訂立了目標就會盡力去追夢，這樣才能夠持續地走向夢想。的確大部分時間都是血汗多過快樂，但游出成績的那一刻就是開心。」追逐夢想是當年李穎詩的第一位，除了放棄休閒娛樂，1994 年為了專心準備亞運，她決定停學一年，結果順利奪牌。「我在亞運奪牌後，心態上已經有所調整，表明不會再參與大型比賽項目，例如奧運、亞運。」完成亞運的任務，李穎詩安心繼續學業，也由此開始人生的另一篇章。

「我喜歡體育運動，但我深知道自己不會做教練，也不想成為專業人士。我覺得從商可以接觸很多人，好好玩，所以我選擇了工商管理。」考入香港大學的經管學院後，李穎詩仍有繼續代表香港比賽，但大學生活讓她大開眼界，漸漸發現自己的可能性，游泳與運動已不再是人生的首位。過去的中學生活，不是在學校就是游泳池，日復一日，基

本上沒有私人時間,而大學的宿舍生活讓她第一次感受到上學和群體生活原來如此有趣。「我一直精於一項運動,多年花盡時間只為追求快 0.1 秒,而大學時代的見識超出我的想像,很多人都是讀書、運動樣樣都做得好又玩得,這種能力正與我相反。」

從頭學起,卸下光環投身職場

世界之大,讓李穎詩想走出自己的路,所以申請了獎學金到加拿大讀書增長見識。要改變就要破繭而出,因此她選擇了只有很少香港人的城市 Edmonton,這段挑戰難關的經歷成為她日後職場人生的養分。「以往我們做運動員,只需要專注訓練,大小事情都被安排妥當,日常生活又有家人幫忙處理,但當體院、教練、家人都已經安排好一切,我其實甚麼都不懂得面對。因此,在加拿大的那一年,我要獨自解決住宿、學校事務等問題,很難但都要咬緊牙關,慢慢學。」

從頭學起,是退役運動員的最大挑戰,李穎詩幸運地得到退役的前輩指點迷津。「當時認識了在體育公關公司工作的倪文玲(前香港田徑運動員),覺得籌備體育活動幾有趣,因為以前我也會出席活動,所以畢業後我便考入她工作的公司,成為同事。」

從運動員轉變成為體育公關界的初生之犢，她坦言第一個挑戰是放低光環。「做一個有成績的運動員會擁有光環，無論光環是光是暗，都是一個光環，你日常會備受照顧，成績好又會有自信。但當我轉型投身社會，就要將光環全部放低，因為我只是一個連公司影印機、傳真機都不懂得使用的新同事。重新學習的過程要經常提醒自己，不是我無用，只是我還未學識。」體育公關和其他類型的公關工作性質類同，對於新人來說，cold call 及與記者、合作單位、贊助商電話聯絡是必經之路，也是吃力不討好的工作內容。對比以前只需要專注做好擅長的運動，每次電話聯絡被拒絕或掛線都會打擊自信。「我覺得轉型不容易，但運動員那份『不達標，不放棄』的心態很有幫助，這個挑戰變成訓練膽量和學習經歷失敗的好機會。」

不再接觸才發現真的喜歡體育

運動員的心態除了幫助李穎詩投入職場，更讓她在體育公關的事業上愈做愈好，很多客人都相信她一定會盡力做好。的而且確，這份信任讓她在二十多年來都用上 110% 的努力工作——由初生之犢，到成立自己的體育公關公司，當中全靠一份對體育的熱愛。第一份工作做了五年，她開始思考自己對體育真的熱愛嗎？自己想要的就只能在體育界找到嗎？帶著種種的疑問，李穎詩到了另一間公關公司工作，那裡完全不關乎體育，亦不需要籌備活動，兩年後她得出一個答案：「不再接觸體育的日子，才發現自己真的好喜歡體育。」

李穎詩在 2005 年成立了體育公關公司「動力國際」，「我出身於香港體育界，多年來收穫了很多資源和機會，我自覺有責任回饋香港，所以後來就以回饋的心建立自己的公司。」當時體育不如現在盛行，但她相信會愈來愈好，結果至今籌辦過的大型體育活動多不勝數，最印象深刻的就是渣打香港馬拉松。「我在舊公司開始做第一屆渣馬，到現在超過二十年仍然是合作伙伴和戰友，關係非常密切。最初的渣馬只有數千人，疫情前已發展到 75,000 個名額，疫情後可以復辦非常高興。」渣馬之外，籌備電動方程式錦標賽（Formula E）亦讓她很難忘，難忘在於挑戰高難度，「我們為 Formula E 比賽封起龍和道三日，整個過程我們要向政府申請很多個牌照，沒有任何體育活動的牌照申請清單可以比得上，只要少申請一個牌照都絕對不會成功，所以當活動順利完成，滿足感非常大！」

新鴻基地產香港單車節、新世界維港泳、保誠香港網球公開賽，甚至連堪稱「體壇奧斯卡」的勞倫斯世界體育獎頒獎禮都有動力國際的蹤跡。說到頒獎禮之時，一臉認真的李穎詩也露出燦爛笑容。「我們是勞倫斯世界體育獎在香港區、亞洲區很重要的策略伙伴，以往我會帶領不少媒體到訪現場。現場行紅地氈的粒粒都是體壇巨星，例如費達

拿、祖高域。我很記得有一年，我要代表國內記者訪問費達拿，面對偶像心情會好緊張，同時又要提醒自己維持專業，是好有趣的經歷。」

不過，最令李穎詩高興的是 2022 年的新世界維港泳。

新世界維港泳也是動力國際合作多年的大型運動項目，充滿歷史和故事。2022 年，李穎詩除了統籌活動以外，更和兒子一起成為參加者，「兒子今年 12 歲成功通過水試，我便立即帶他一起玩。邊工作邊完成賽事很快樂，是我人生裡一個重要的夢想。」

這段回憶最重要的，是讓她重新連結自己愛游泳的靈魂，「游泳沒有離開過我，只是我的身分改變了。」

即使退役，也能繼續傳承

身分改變了，光環也放下了，自己的夢想變成幫助別人實現夢想，走在幕後建立活動舞台，讓運動員盡情發光發亮。作為體育公關，除了統籌活動、撰寫新聞稿，在活動現場還要搬東搬西、迅速處理無數突發事件。李穎詩亦透過動力國際成為一些運動員的經理人，例如江旻憓，她亦是蘇樺偉的首位經理人。「我好喜歡做幕後角色，因為我經歷過幕前的運動員生涯，很明白他們的需要，亦清楚可以怎樣幫助他們。」

不只幫助現役精英運動員，李穎詩亦致力幫助準備退役和剛剛退役的運動員，透過奧委會舉辦的「星星伴轉型」學長計劃，幫助他們展開第二人生，就像昔日的倪文玲。「這

個計劃很有意義，我本身就是退役轉型，所以我好想幫助面對同樣處境的運動員。以前要成功由運動員轉型為社會工作人士，大約要三四年，但如果我們可以提早幫助他們準備，可以令適應過程更快、更順利，他們便不會無助苦惱。我經常告訴他們：『你不是做不到，只是你需要時間。』」

因為親身經歷過，所以體會到運動員轉型上的苦澀，李穎詩會教導他們職場、商界的環境，也會分享工作時發問與學習的技巧，讓他們遇到問題時可以先安心問前輩，工作時向同事發問也不會自覺像個傻瓜。「做運動員本身已是一個很艱難的選擇。我很記得有教練問我大女兒，想入讀英美名牌大學還是想做運動員？她說想讀書，因為獲取錄

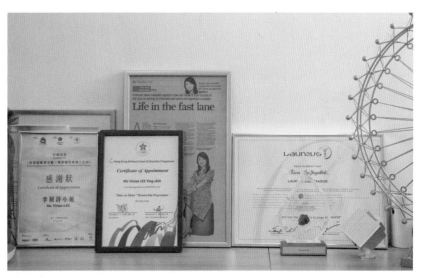

的機會較大。這是事實，因為一個奧運項目例如游泳，只有兩個名額，以學業成績考入大學的名額相對多得很，所以選擇成為運動員，本已是一條極具挑戰的路。我很希望『星星伴轉型』學長計劃，能夠告訴運動員和他們的家長可以放心專注訓練，今時今日只會有更多支援和資源。無論成績如何，成為運動員都已經是一大成就。他們在開展新的人生時，只要將同一份毅力、人生態度應用在工作上，我可以保證他們一定會成功。」■

06

差之毫釐，謬以千里

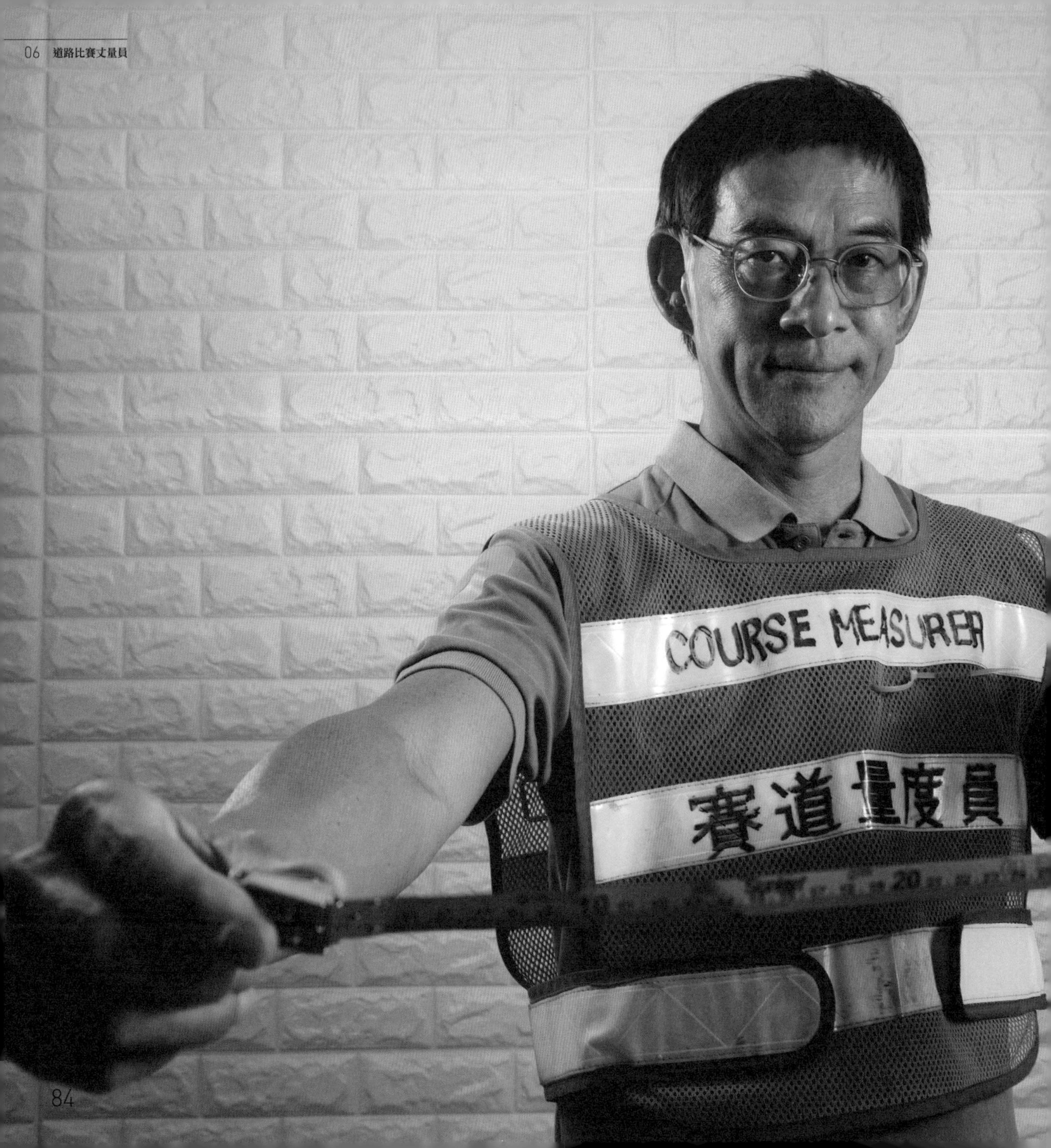
COURSE MEASURER
賽道量度員

馮宏德
道路比賽丈量員

香港業餘田徑總會前副主席（技術及比賽）、
世界級競走裁判、亞洲級田徑技術裁判、
國際先進級（Master）田徑裁判、國際道路比賽
道 A 級丈量員。

曾參與賽道丈量及策劃之國際賽事：

世界田徑錦標賽、世界隊際競走錦標賽、亞洲運
動會、南亞運動會、東亞運動會、西亞運動會、
香港渣打馬拉松、東南亞地區道跑比賽、香港道
跑比賽等。

曾參與策劃之國際賽事：

2009 東亞運動會、2019 亞洲青少年錦競標賽競
賽主任及香港渣打馬拉松歷屆競賽主任。

1981 年，紐約馬拉松在完賽後獲發現賽道長度比標準少了 148 米，結果令原本破了世界記錄的選手 Alberto Salazar 的成績不獲美國田徑協會認可。

2021 年，埃塞俄比亞女跑 Yalemzerf Yehualaw，在北愛爾蘭的安特里姆海岸半程馬拉松中跑出 1 小時 3 分 44 秒世界記錄，但賽後發現賽程比標準距離短了 54 米，因此成績被視為無效。

由 1896 年第一屆馬拉松賽事起，直至現在走過了百多年，因為賽道長度不符標準而導致取消當屆成績的遺憾曾多次出現。這些遺憾將跑手的血汗、策劃團隊安排賽事的努力化為烏有。

因此，世界各地的馬拉松賽事都需要丈量員的精準測量。

丈量員是一個鮮為人知的幕後角色，為不同國家的馬拉松賽事量度賽道，做得好不會出現在競賽的鎂光燈下，卻保障了選手出色的成績可以名留青史。香港也有一個、也是唯一一個國際田徑聯會認可的國際道路賽道 A 級丈量員，人稱「德哥」的馮宏德。

有四隻眼就好啲

顧名思義，丈量員就是負責量度賽道距離的核心人物。馬拉松比賽的標準長度不可短於 42.195 公里，別看字面似乎輕鬆，要量度得非常精準需要心力、腦力還有體力，因為丈量員要看著最遠點，測量出最短距離，找出這條「shortest possible route」，過程需要長時間作戰。要完成數 10 公里甚至 100 公里的量度，最主要的作戰伙伴是一部單車，每次工作踩單車最少 8 小時。「單車由大會安排。有次在外地，大會只給我一輛共享單車，不能轉波，所以上斜路就很麻煩，但時間有限都要做。單車的好處，是當你坐上去後不會改變姿勢；如果是人手邊行邊用滾輪量度的話，長時間下一定會擺來擺去，誤差會愈來愈大。」

每次量度前，德哥都會在單車車輪安裝鍾氏格數器 (Jones counter)，剎車系統在右邊，計數器就會在左邊，反之亦然。之後，他便要開始量度基準線 (calibration course) 作校準，找一個最少 300 米的直線車道，透過格數器看單車需要轉動幾多格，再來回測量確實，「最早期需要做 1 公里直路作校準，但由於太難找到一條長 1 公里的直路，所以後來改為 500 米；但這也不容易，最後變成起碼 300 米。」以 300 米作校準為例，如果格數器由 0 去到 3,400，代表 300 米需要轉動 3,200-3,400 格。

量度過程中，也會有很多影響數值準確度的原因，例如單車輪胎漏氣，如果中途「爆軚」更要重頭做一次；天氣造成的路面溫度改變也會影響輪胎膨脹或收縮，所以量度基準線時會將鋼尺和溫度計放在地上，檢查冷縮熱脹的程度。

測量過程需要在公路上踩單車，車水馬龍時險象環生，德哥笑說，「有四隻眼就好一點！」因為大多數量度期間不會封路，所以丈量員要保持冷靜又要隨時應變，「量度時你千萬不可以害怕，因為很多時都要『打斜 cut（切線）』，所以一隻眼看計數器、一隻眼看前方有沒有車、一隻眼看好自己要如何拿捏路線，最後一隻眼就留意後方行車狀況。」如果是負責量度香港田徑總會舉辦的賽事，便要向運輸署申請，測量期間就會有兩架防撞工程車跟在後方，前後都會有警車包圍，各單位用對講機溝通，這樣比較安全。

" 有四隻眼就好一點！一隻眼看計數器、一隻眼看前方有沒有車、一隻眼看好自己要如何拿捏路線，最後一隻眼就留意後方行車狀況。 "

「有次在東區走廊量度 10 公里，因為是早期所以未有防撞
車。有醉駕突入路面，警察好緊張，立即在後方用對講機
叫我小心。之後我們要量度東廊路段時，就要選好時間、
日子，星期六晚及星期日一定不可以，星期一凌晨一時至
三時就最安全。」一次，德哥到泰國工作，眾所周知當地
長期塞車，「那時的比賽路線是一條高速公路，我以為會
在晚上封路後工作，沒料到原來安排了早上時分，當時四
架警車在前方開路，後面還有兩架，需要持續用大聲公向
路面解釋，請公路上的車全部駛開。」

單車維修都要做！

測量過程除了使用格數器，亦會用上 GPS 手錶輔助，一
隻戴在手，另一隻安裝在單車上記下行駛路線。德哥還有
不同工具，包括單車維修工具、標準鋼尺、牛皮膠紙、雙
頭筆、計算機、晚上用的閃燈等，如果要到海外為國際大
賽工作，更要全部多帶一套，單是工具已佔了行李大約 17
公斤了。

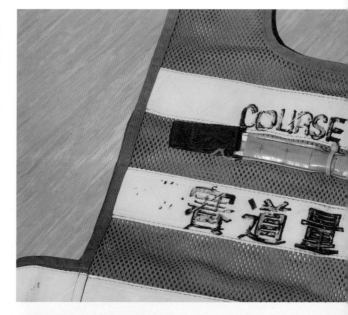

測量工作以外，另一「戲肉」是提交測量報告。報告包括
日期、路線圖、校準、溫度、量度數據，例如哪一格數有
燈柱，還要包括畫路線圖或相片等不同數據，快則六七小
時完成，慢則要花上三天。「為了確保數據正確，每當在
外面量度完結，就要立即趕回酒店輸入和整理數據，以免

自己忘記。有時大約早上十時出門，下午三時完結返回酒店工作，大概差不多晚上九時才食飯，而更多時是晚上 11 時才出動，量至早上 8 時。」

面對繁複的賽程，無辦法一次過由起點踩到終點，丈量便需要分拆不同路段完成，例如曾有一次丈量全長 100 公里的超級馬拉松路線，而且路線位於高原 3,000 多米上，斜坡甚多，需要分開兩天丈量，否則累死。賽道經丈量員測量並提交報告後，就會獲得場地路線丈量證明，有效期 5 年，期間只要路線改動少於 5% 就不用整條路線重新量度。

相信自己，才能令人相信自己

「沒有人喜歡做丈量員，因為太複雜啦，要計算很多瑣碎數目，每次量度又要踩來踩去。」既然吃力不討好，那為甚麼本是長跑運動員的德哥，當日會學習成為一個丈量員？「那時我參加很多比賽，但都不知道賽道距離是否正確。大約在 1992 年，我看到韓國開設丈量員的培訓班，於是立即報名。四天課程有理論有實習，當時我和兩個跑友一起報讀，後來一個長駐澳門沒有再做丈量員，另一個腰傷退休了。」

那時在韓國完成培訓班後便會立即考試，成績合格就會成為 C 級丈量員，之後就要不斷為賽事量度賽道、寫報告，

累積一定經驗才可以再升級。以前德哥便在每個周末飛到海外工作，星期五出發，最晚星期一凌晨返回香港。他坦言在外地工作的一大挑戰，因為早期外國丈量員會輕視亞洲丈量員。

「我第一次到海外為大型國際比賽工作，是1998年的亞運。賽事路線雖然不複雜，只要順著交通由終點返回起點就可以完成。後來比賽前三個月，因為路線有少部分更改，所以要做第二次；最後在比賽前一星期再丈量一次。那次賽事，日本的高橋尚子打破了亞洲記錄，但歐洲評審不相信，覺得我把賽道度短了。雖然我很相信自己正確，因為三次量度都非常精準，但仍然怕得手騰腳震。後來世界田徑聯會的一位副會長搭著我的肩膊說：『我信得過你』，加上重新檢查後確認數據正確，事情才平息。」

後來高橋尚子在2000年的悉尼奧運奪得金牌，在短時間內亦破了世界記錄，他們終於傳來一封遲來的電郵，承認德哥當年的量度是準確的，從此他負責的丈量工作亦愈來愈多。

來自香港的「史努比」

外國的工作人員或丈量員很難記住亞洲人的名字，但大家都知道德哥很喜歡史努比，所以就稱呼他為「Snoopy」。有次工作會議，負責人介紹他為「Snoopy from Hong Kong（來自香港的史努比）」，雖然有點尷尬，但德哥坦言是非常得意有趣的經歷。

丈量員的工作過程沉靜亦有點孤獨，與跑馬拉松的心情互相呼應，不過多年來的經歷亦令德哥收穫了不少友誼，更重要的是可以到處去。「早前工作行程好緊密，澳門返回香港後，翌日便到台灣，之後又要飛泰國再返回香港，接著是台南、日本。」

現時，德哥只會選擇有當地田徑總會派員一起工作的丈量工作，因為曾有不少賽事的主辦單位不誠實，沒有申報路線改動，「有次外地有賽事，我清楚問好當地大會的賽事細節，但後來發現與他們在 Facebook 公布的資訊不符。他們回覆因為時間不足夠，我只好立即通知世界田聯，賽道的成績將不獲認可，因為絕不可能隱瞞。」

天賦雖然迷人，但智慧更令人拜服，擇善固執便是其中
一種。

活到老，做到老

在丈量員這個行業走過數十年，除了因為責任感、可以四
處工作和結交朋友，德哥更喜歡可以從中不斷學習，「我
不知道自己已量度過幾多條路。每次量度賽道，就算是相
同路線都會學到新事物，每做一件事都會有學習空間。如
果你抱著這個心態，就不會覺得工作內容『死板』。」

正如德哥所說，做丈量員的心靈得著很多，收入其實亦相
當不錯，「歐美大多數丈量員都以此為一種收入，每日基
本收入是美金 100 元，馬拉松賽事大約有美金 800 至 1,000
元，渣打馬拉松比較複雜，就大概有美金 3,000 至 4,000 元；
工作期間包食宿和機票。當然不同級別的丈量員酬金亦會
有所不同。」既然收入如此可觀，那為何目前全世界只餘
下 50 多個 A 級丈量員？青黃不接的原因又是甚麼？德哥
無奈地說：「年輕人少入行，因為報告真的很難寫。」

面對世界各地賽事愈來愈多，人才卻愈見減少。為了吸引
並培訓更多年輕的丈量員承傳下去，現時世界田徑聯會修
改制度，從以前亞洲區只可以在雅加達或北京舉辦培訓班，
改成可以到任何地區的田徑總會，或總會認可的機構開班，

> **丈量員一定要有 dedication
> （全心奉獻），你要有份責任感，
> 才會檢查細節，推動自己在
> 行業繼續行前。**

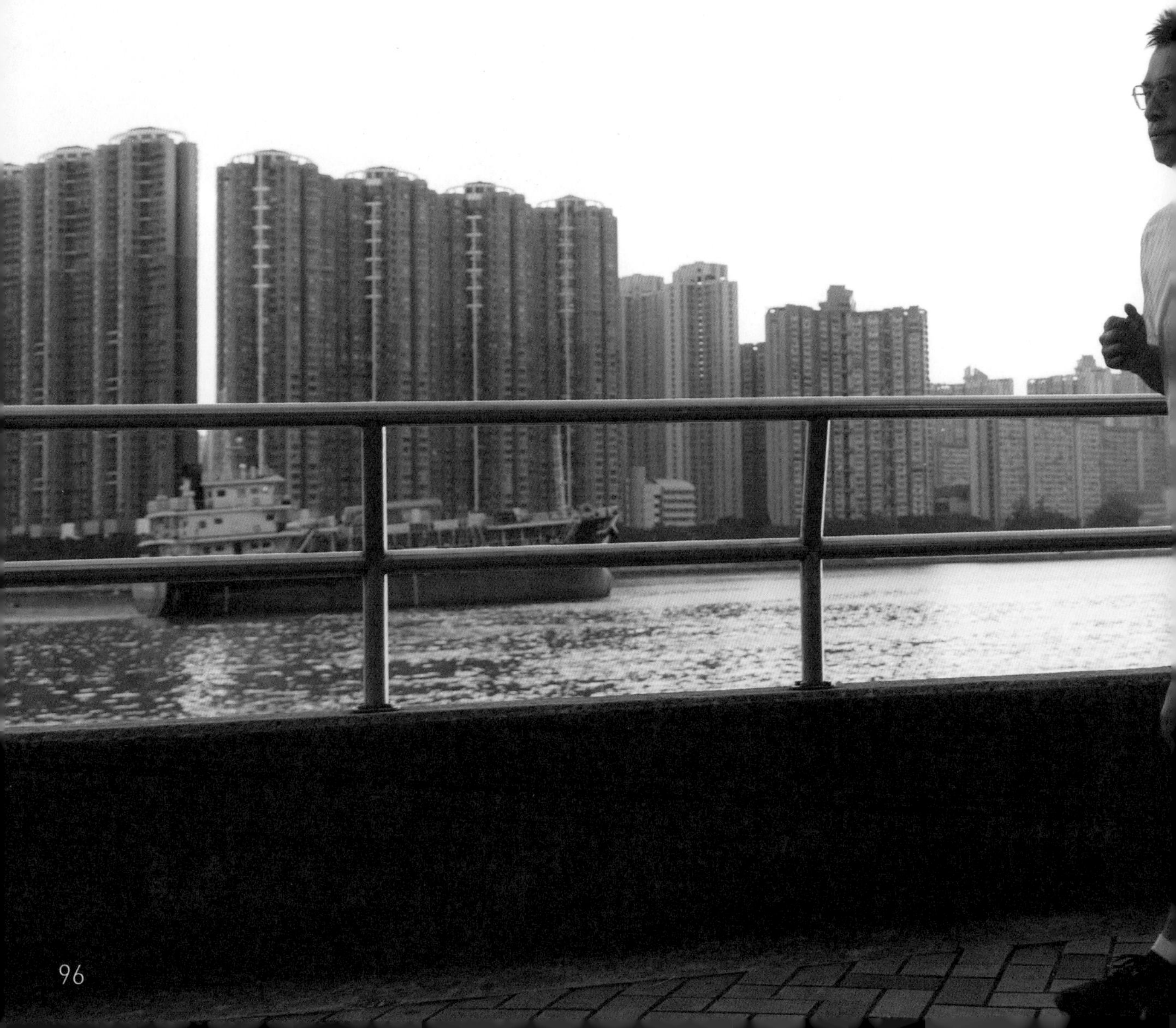

只要機構上報課堂內容後便可以培訓學生。「培訓班最少四日，最長可以六日。香港之後可能會和澳門聯辦，因為可以減低費用，最貴其實是器材。」

此外，成為丈量員的門檻亦下調，只要完成課堂後交好五份丈量報告，導師便可以引薦學生成為 C 級丈量員。入門變得容易，但升級還是需要實力證明——C 級升 B 級大約需要 6 至 10 年，而要升到 A 級更會面臨突擊考核，「我有次去澳門做丈量工作，有另一個人說一起做。過程中他會問我為甚麼會選擇這樣做、那樣做，直至 2008 年我突然收到通知信，通知我已經成為 A 級丈量員，才知道那次便是考核。」

雖然無法預視香港未來能否再誕生一個 A 級丈量員，但德哥仍盡力培訓新一代的丈量員，同時堅持做到老，「沒有人繼續做，我好難退下來，職責所在，除非老到踩不到單車。」■

07

／大學體育研究專家／

我就係
最鍾意叫人做運動
嘅雷雄德

雷雄德博士
大學體育研究專家

美國麻省春田大學體育博士，香港教育大學健康與體育學系高級講師及副系主任，從事大學體育教學及研究工作30多年。現為特區政府體育委員會成員、非傳染病督導委員會成員、香港運動醫學及科學學會會長等。

2018
獲得特區政府行政長官社區服務獎

2019
獲得香港優秀教練選舉的最佳教練培訓工作者獎

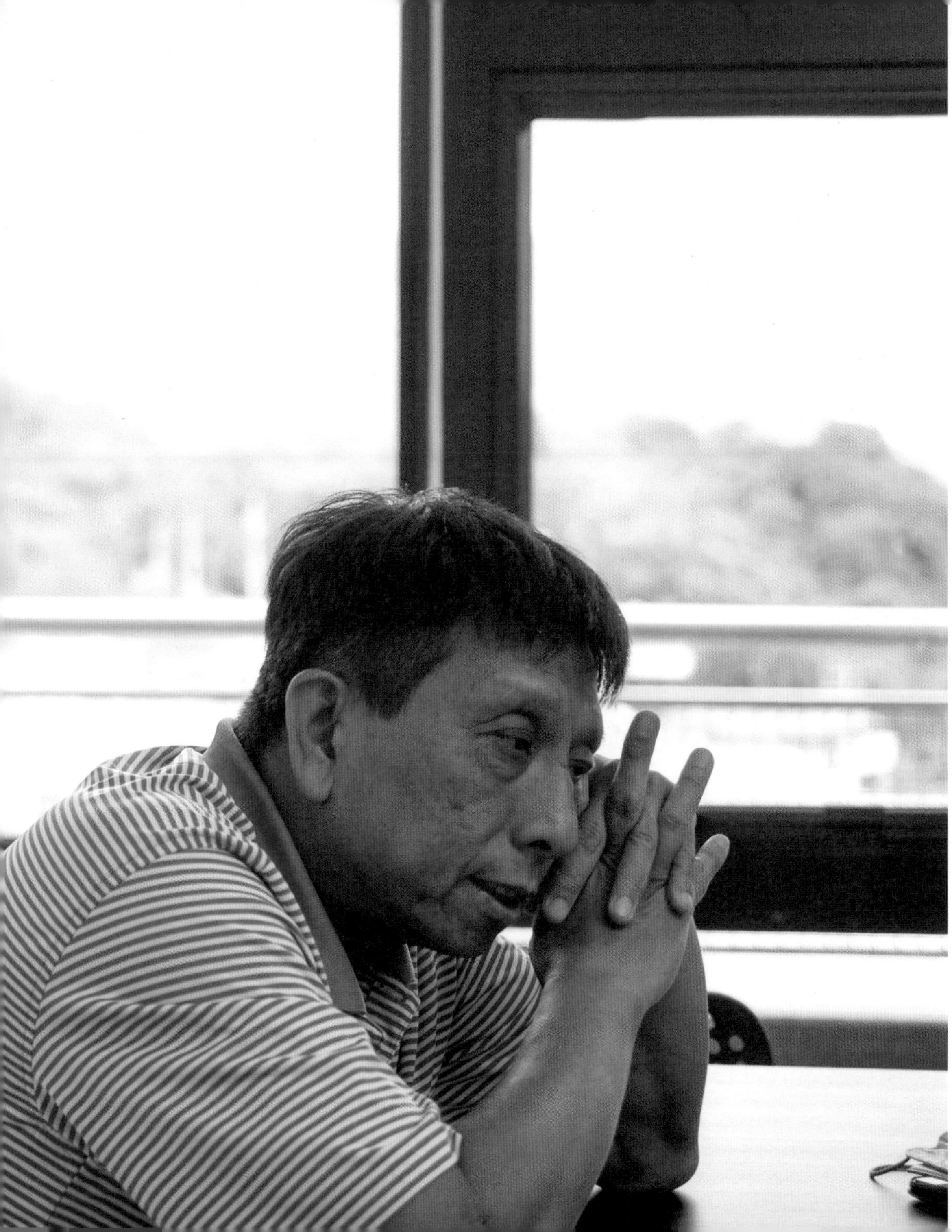

人稱「雷sir」的雷雄德博士，在香港體育教育界任教數十年，由中大的3年到浸大的28年，並至2021年開始在教大任教；另一為人熟悉的角色，就是在電台主持體育節目，以及在電視節目作客席主持講運動。他扮演著眾多身分也只為著一個目標，就是透過教育分享體育運動知識，從學生到廣大市民，誠如他所言，「運動是一個平台、一個切入點去了解我們的社會。」

運動的價值是為了開心

雷 sir 問了一個關於誠實的運動問題。

「假設一場排球比賽，對方作出扣球攻擊，球在出界前不小心觸碰到你的手，但對隊與球證沒有看到，於是你的隊伍得分，此時你會不會主動坦白？」

10 個有 9.5 個人大概都會說：「傻㗎咩！球證沒有看到是球證的問題！」

但雷 sir 認為，「這是由你的良知決定，為甚麼你不願意坦承責任？如果比賽現場原來有觀眾拍攝到你觸球後才出界，你在知情下不舉手講出事實，片段發布上網後你可能會一夜成名。相反，你在知情下仍然選擇不講出事實，賽後又有甚麼後果呢？」

問題沒有對與錯的答案，因為有無限可能性，但卻是一個值得反思的方向，亦反映出社會與人們的思考模式。

「現在社會對運動的價值有偏見，例如家長積極幫子女報名學游泳，原因是游得出色就可以進入名校，很多人現在學習運動都是源於這個心態。但運動在社會的功能價值絕不止於此，本身應該就是為了開心愉快地玩，踢波有成績、贏比賽是後話。」雷 sir 坦言社會上不會每個人都成為李慧詩、何詩蓓，精英運動員是萬中無一，所以教育工作應該是照顧每一個學生，「我的理想是 700 萬市民都有運動習慣，全香港學生都學會游泳。教育追求德、智、體、群、美，但『體』在現時的教育制度裡沒有受重視，就如政府撥出 1,119 億教育開支，卻仍然有非常多學生不懂游泳，在水裡無法保障自己的生命，而每年香港都有 50 人因為遇溺死亡。

運動是一種無聲的語言

一直致力任教體育運動學科，亦積極提倡全民運動，原來是因為雷 sir 小時候已玩運動，亦了解運動帶來的好處。「我從小喜歡通山跑和踢波，雖然沒有很厲害，但運動的好處是只要你經常做，體能就會變好，當你從小有良好的體格，將來玩甚麼運動、做甚麼事都可以更得心應手。」

後來中五畢業，地理老師帶他們一班學生到野外進行地理考察，安排了獨木舟、帆船、野外定向、攀石、行山露營等活動，「外展訓練主要目的是從中訓練意志和毅力。」

因此，由浸大到現時在教大任教，雷 sir 都會帶學生行山、划獨木舟、野外鍛鍊，透過不同運動磨鍊意志，「意志訓練好重要，無意志做甚麼事都是『死路一條』，就算打機也一樣會輸。」此外，雷 sir 更希望將運動成為與青年溝通互動的平台，有溝通就有討論，從而有所反思和啟發。「和

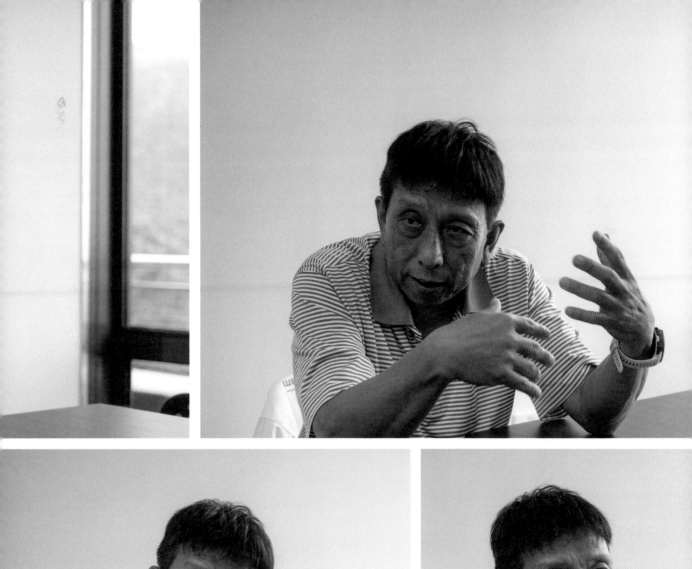
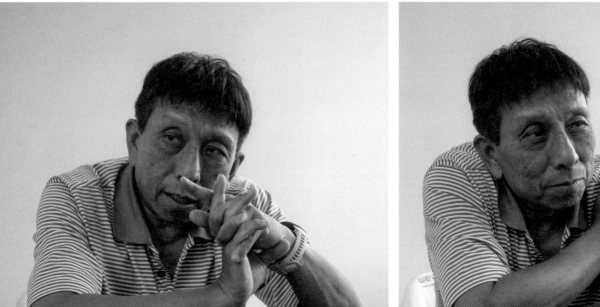

學生行山行到很少人的地方，或是划獨木舟去到荒島時，大家可以暢所欲談，我又好喜歡講『爛 gag』，有傾有講有笑地溝通。」

跟雷 sir 傾談的過程裡，總會聽到他不斷說到「溝通」。溝通很奇妙，講求雙方互動配合，不能只有單方面說個不停。

而現時的教育制度裡，最令人頭痛的就是老師自顧自地講課，學生卻總是不願發問，只想快點落堂。「我覺得教育是人類文化的延續，而老師的角色是 facilitator（促進者），幫助學生有效、加速學習，過程中透過自身經驗分享哪條路會好行一點。教育工作者就是要分享知識，教導學生 critical thinking，中文譯為『多元思考』會更貼切，即當

學生見到一個現象時，比起快速設定立場，更應該先認識各種不同看法。」因此，雷 sir 的課堂經常出現本文開首討論的良心問題。

不說不知，這份溝通能力源於雷 sir 的一個志願：「我的志願除了讀體育運動，更想做一個社工，當時二選一便去了師範讀體育。雖然沒有成功修讀社工碩士學位，但也看了很多相關書籍，所以現在好喜歡和學生聊天溝通。」其中一次做中一班主任的回憶，令雷 sir 印象深刻，「有個學生考第一，但長得很矮細、瘦弱，所以派成績表時我跟他說要見家長⋯⋯考第一都要見家長把他嚇了一跳。我在家長日向他母親了解為甚麼他會這樣瘦，建議要讓他

我認為運動是一種不需要說話的語言。

有適當的運動習慣。」三十多年後，雷 sir 在一個高爾夫球練習場重遇那位學生，原來那次家長日後，媽媽就幫他安排做運動了。

數十年的教學生涯，學生多不勝數，雷 sir 未必每個都可以記住，但一眾學生都記得雷 sir，有次在機場遇到成為警察的舊生，搶著幫他推行李；一次懲教署活動，有兩個懲教署職員大叫「雷 sir」，他們告訴雷 sir 幸好當年跟他上過校隊訓練，長大才沒有學壞；還有中大一班已做了媽媽的舊生，當時中大讓雷 sir 教她們做體能訓練，已經五十多歲的她們告訴雷 sir，因為當年的體能訓練，她們現在仍會持續跑步，珍惜健康。

體育精神是公平競賽

雷 sir 在教大除了在健康與體育學系教學，亦有教一科哲學。

小學時，老師總會教大家要有「體育精神」，學生都是懵懵懂懂地聽著。不知道教了這麼多年體育運動、又培訓了很多體育老師的雷 sir，又怎樣理解「體育精神」？

「體育精神是一個相對的觀點，有沒有絕對的體育精神？其實，主流宗教、中國儒家思想都有包含到體育精神的概念，例如六藝

的『射』和『御』。我覺得它與奧運精神在演繹上有點類同。奧運格言是『更快、更高、更強、更團結』，但從來沒有叫大家一定要奪金牌。現在大家會認為那是接近『超越自己、永不放棄』的想法，而舉辦奧運的最終目的，是希望透過青年教育建立美好和諧世界；但很可悲，這個理念目前是愈來愈遙遠。有輸贏就有利益，當人面對競爭就很容易忘記體育精神。」

美國單車運動員岩士唐（Lance Armstrong）因為被查出曾長期服食禁藥，被褫奪七屆環法單車賽冠軍和終身禁賽，受訪時他第一句回應是：「I didn't invent the culture.（這個文化不是由我帶起的。）」

「人人都食禁藥，為甚麼我不食禁藥？這件事我沒有答案，但卻是一個可以反思體育精神的事件。我的觀點是體育競賽有兩個重點：第一要公平競賽，第二要保障運動員健康。」

現代奧運會在 1896 年誕生，排球與籃球分別在 1895 與 1891 年發明。運動競賽的出現刺激了年輕人，令他們有鍛鍊、有思考的機會，而且可以釋放不滿和失落，雖然後來還是發生世界大戰。「體育與社會在不同層面都有關連，健康、競技、社會、心理和人類發展等，其實軍事都是體育的起源之一。」

將知識與市民拉近

不只是教導學生運動和體育知識，「全民運動」也是雷 sir 一直以來的努力方向。「李麗珊那句『香港運動員唔係垃圾』，當時帶起了香港競技體育的發展，而競技體育、普及體育兩者互相影響。李麗珊奪得滑浪風帆獎牌之後，很多人打電話到康文署水上活動中心想報名學習。」

但普及的不能只有運動，同時要有相應知識，例如預防受傷、訓練方式和恢復方法。「現時的學生個個都睡眠不足，自然體力和體能都不足，當然，還要教市民體育的社會功能和價值。」近兩年的香港體壇成績非常亮眼，雖然全城興起做運動，可惜疫情又壓住了熱情，甚至不進反退。「疫情近兩年期間，我們幾間大學作出研究數據，發現學童體質差了很多，比新加坡差了三成，男生手握力比起歐洲更跌了一倍。」

雷 sir 的體育運動知識非常豐富，過去在美國以 5 年時間，完成體育學士、運動醫學與運動創傷處理碩士及體育博士的課程，但擁有知識還是要走入社區。為了推廣全民運動並關注健康，雷 sir 多年來一直努力在不同媒體分享體育運動知識，希望廣大市民可以知多一點。

由 2004 年雅典奧運到現在，他仍定期在香港電台主持節目。為了令觀眾容易記得他，節目監製便提議雷 sir 取個稱號為「我就係最鍾意叫人做運動嘅雷雄德」。後來他在電視節目《學是學非》分享運動冷知識，更寫過不少書籍，例如於 2021 年與臨床腫瘤科專科醫生梁就茂一同出版的新書《運動與癌症：講是又講非》，讓大家知道原來有 12 種癌症可以透過做運動幫助預防。

「大學圖書館本身是收藏知識的地方，但普通市民不可進入香港的大學圖書館，所以我希望透過不同平台將體育運動、健康的知識與市民拉近距離。」

健康與自由

「每個人對於健康,心裡都各有一把尺定義,但根據世衛的定義,健康不單只是沒有病痛,而是要從身體上、精神上與社會適應上都處於一個良好狀態。大約 3 年前,我們在幾間學校做了觀察試驗,嘗試透過相機器材觀察行路姿勢,再推斷學生的情緒狀態,例如長期垂頭向下看,有機會反映情緒有問題。找到他們後,就轉介他們去輔導,希望及早幫到一個得一個。有健康才可以自由地做到好多事。」

雷 sir 認為體育運動教育需要及早開始,青年本應該體力好,才可以幫助社會建設,發揮才能,不應該如現在體能愈來愈差。當他們注重健康、學習到運動健康知識,才幫助到其他人。因此,他的理想除了是全部學生學識游水,更希望他們可以學識心肺復甦法(CPR),「全世界很多學校、大學都有教 CPR,香港教育為甚麼沒有?香港的心臟病病人有很多,如果有更多人懂得 CPR,突然見到有人倒地沒有呼吸、脈膊,就可以立即 CPR 直至救護車抵達,十分鐘已經可以救回一條生命。」■

08

／體育評述員／

講波是生活的**點綴**

李德能
體育評述員

1986
開始體育評述員生涯

1995
擔任香港康體發展局
體育資訊經理

2009
香港十大傑出青年

2015
獲委任為民政局大型體育活動
事務委員會委員

2018

獲委任為太平紳士（JP）
香港精英運動員協會金搖籃獎

2020

出版著作《我的香港足球綠皮書》

2021

獲頒發榮譽勳章（MH））

> **"**
>
> 為何講波這麼重要？
>
> 講波是我生活的一個點綴、興趣。
>
> **"**

2022 年世界盃氣氛特別熱烈，大抵是後疫情時代下人們重新爆發能量，不論球迷與否都要加入睇波行列。球賽固然重要，但聽足球評述員「講波」也是焦點樂趣——不時飆出入腦金句，句句有味，除了將遙遠的球賽與電視機旁的球迷連結，足球評述員也彷如與球迷一起觀看球賽，炒熱氣氛，推向高潮。香港足球評述的黃金時代誕生了很多出色的「講波佬」，每代各有特色，其中包括講波三十多年、獲稱為「體育字典」的李德能。

" 我大學有加入排球系隊、
籃球系隊，但我負責斟水。 "

命運厚待了我

談及過去，李德能總說命運厚待自己，能像幸運星一樣走過人生不同階段，其中包括成為足球評述員；但這或許是基於他不執著的「佛系」個性。他讀書時代沒有志願，只是喜歡經濟科，就生起到香港大學修讀經濟科的想法，卻因為兩次高考都沒有獲港大錄取而入讀浸大。面對困境他沒有勉強自己，反而選擇順勢而行。「如果信命運，我覺得命運好厚待我。厚待不是指給予一切，而是給予挑戰和困難，同時又讓你成功。假如那時我成功讀了經濟科，就沒有現在的一切。」的確，相信另一個平行時空的李德能，從港大經濟系畢業後可能會成為教師，而不是侃侃而談數十年的足球評述員。

結果在浸大修讀傳理系的時間，是李德能讀書歷程裡最快樂的回憶，「大眾傳媒很好玩，很適合我的性格，在選擇專修科目前，可以接觸不同類型的課程。因為我喜歡玩，事事都有興趣學習，但要嚴格刻苦訓練、苦心鑽研就免了，我亦沒有追求成為首屈一指的世界冠軍。」李德能從小喜歡各種運動，大球和小球運動樣樣都玩，出水能游、落地能跑；田徑陸運會由最短的 100 米到最長 1,500 米都會跑，甚至連跳高、推鉛球也不放過，唯一不熟悉的是冰雪運動，因為以前想溜冰只可以在荔園遊樂場付費玩。

樣樣都識，但自稱全部「半桶水」，所以李德能在大學排球系隊、籃球系隊大多是後備，但他一樣享受而且盡心盡力。「球隊師兄個個都好厲害，所以我大多負責斟水，但我又覺得 ok。比起一個人天下無敵，我更喜歡團隊合作。每次比賽，我會光速到飯堂斟水，確保師兄在暫停時可以立即補充水分。」他認為團隊有不同角色，有人負責得分，有人負責安排戰術，而他就負責支援。「我不擅長做前線和領袖，但做好支援角色其實也不容易。易地而處，當你是球員，口渴時見到有人已經為自己預備了水，感覺如何？因此我在賽事裡其實都有表現，最後球賽獲勝，我與有榮焉。」這些性格與經歷，為他鋪墊了後來的足球評述事業。

同時為四台講波

李德能大學畢業的時期,香港傳媒行業正急速發展,就如他所強調得到命運厚待,他的事業機會不斷,「我可以好『牙擦』地說自己一封求職信都未寫過,所有工作都是自己找上門。」最初在報社工作,突然有電台問他有沒有興趣試音,在上司的鼓勵下接下港台廣播劇組的工作,負責編劇與演出。

1984 年的洛杉磯奧運，可說是李德能事業上的首個轉捩點。那年奧運對香港人而言有點特別，因為中英談判結束，宣布 1997 年香港將回歸中國，同時是中國首次大規模參加奧運，所以全香港傳媒都蓄勢待發。「那時香港只有幾個在電台工作的足球評述員，幕前人員不足以應付當時的奧運節目，負責體育組的何鑑江知我喜歡體育，便叫我幫忙兩星期。那次合作很愉快，他便和廣播劇組主管協議，讓我同時在兩個部門工作。」後來李德能在足球直播節目兼任編導，每次都會隨隊到球場看製作，「當時主管說，不如加多一枝咪一起講波啦，我性格又『多嘴』，結果在 1986 年 12 月第一次講波。」

隨著 1990 年世界盃即將開始，1989 年李德能獲招攬到亞洲電視（ATV）。今次為李德能帶來工作機會的，是香港電視體育節目的「開山祖師」勞翰貽（時任 ATV 副總裁）。兩人早已相識，如今在 ATV 重遇，「勞翰貽見到我，就叫我過去幫忙為世界盃講波，於是我人生第一次在電視講波。」那年，ATV 的收視大勝無綫電視（TVB）。

後來 TVB 重整旗鼓，一早為 1994 年世界盃做好預備，拉攏在 ATV 世界盃節目講波的班底，於是李德能在 1991 年轉到 TVB 擔任足球評述員，「我不喜歡以幕前工作作為主要職業，因為過程對我來說過於簡單，所以當時沒有與 TVB 簽訂全職合約，這個決定令我的足球評述事業得到意外驚喜。」因為沒受合約限制，1993 年香港有線電視（有線）準備開台，李德能便獲邀請到有線幫忙試播，後來成功開台後，他亦理所當然地成為第一代體育台的評述員。

其後，香港衛視成功爭取製作普通話節目，因為難以找到普通話足球評述員來港，衛視體育台負責人便請能說普通話的李德能加入。「有段時間，我同時幫港台、無綫、有線、衛視四個台講波，可以得到這個『痴綫』的機會，最重要的原因是我不計較吧。而且早年我更未試過向機會說不，因此令我眼界開闊、增廣見聞，亦培養出足球評述的不同技能。」

熱誠是可以聽到的

有別於其他工種，足球評述員不受學歷與證書影響之餘，亦沒要求有特別技能，「唯一需要的是基本能力，例如口齒伶俐、表達能力強，對足球有深入認識只是加分。部分足球評述員是『紅褲仔』出身，本身就是球員或教練；但亦有外行人出身一樣可以立足，例如我和 Keyman（馬啟仁）。」

而決定一個足球評述員成功的指標，就是觀眾喜歡與否。「觀眾不喜歡聽你講波的話，再厲害也沒有用，所以講波需要的條件很抽象，你要有熱誠，好奇怪，熱誠是可以聽

> **有段時間我同時幫港台、無線、有線、衛視四個台講波，可以得到這些機會，是因為我不計較吧！**

到的。評述過程中，觀眾可以感受到你是否投入和用心觀看球賽，這份情感用測謊機也測不到。」除了熱誠，個人風格亦很重要，模仿並不會帶來成功，「『阿叔』林尚義（著名電視足球評述員）好成功，但永遠不會有第二個林尚義，亦不可能有第二個林尚義。若你嘗試模仿，觀眾會抵制你。所以我現在時時提醒學生，林尚義是林尚義，你就是你。」

在觀看球賽這個過程中，足球評述員不是必需的，甚至可有可無，因此李德能形容它某程度上是一種表演工作，一

種娛樂，因此基本功以外，做到亦莊亦諧就最好。「知識豐富但用上艱澀的專業術語，觀眾會因為聽不明白而少了共鳴，甚至覺得過分嚴肅，會令評述減值就不是好的遣詞用字；但如果娛樂性過多又不夠專業可信，最好令觀眾有得著，感同身受又可以不時會心微笑。」

球賽變化迅速，即使經驗老到、專業如李德能也會講錯。「最容易犯的錯誤是認錯人，遠望人人相似，所以我經常提醒自己保持警覺。其實場場都難免有講錯，我只可以盡力減低錯誤的機會。」不同足球評述員都有自己特色和風格，李德能自言他相對客觀，不偏心。「我不會隨便提出論點，一定要先有論據。我會做好記錄，例如哪隊有多少次傳送失誤、射門離行離迾，所以好少人會覺得李德能偏心。人人問我喜歡哪一隊，我說我喜歡打得好的球隊，表現好就讚，表現差就彈。這種風格亦有代價，就是我不會成為『神眼』評述員，但我情願評述準確。」

世界上沒有相同的球賽

「足球評述員的流失率好低，他們做到啞也想繼續做，因為歷久常新。世界上沒有任何兩場相同的球賽，四十年來每一場都很新鮮，而每場球賽我都會用不同的語言來講述。」因為好玩又充滿新鮮感，李德能享受講波亦要求自己持續進步，直至現在，他每次講波後都會重看自己的表現，檢視自己的賽事分析、遣詞用字。

不過，接近 40 年的足球評述生涯雖然樂趣無窮，但也經歷過衝擊人生的事件。2006 年世界盃決賽周前一年，為了讓主辦國嘗試運作而舉行試賽。其中一次賽事直播期間，有球員突然倒地，其後不幸身亡。「那時我手都震，第一次覺得自己要打醒十二分精神。面對眼前有人突然死亡，賽事繼續，我也要繼續保持專業。」

另一次衝擊事件也與死亡有關，不幸地是李德能的父親。

「爸爸在 1999 年一個下午過身，那天我有足球評述的工作，好傷心，但又思考到我的家事是否一定會影響我的專業？最後我決定如常工作。可能因為我讀新聞出身，以往見過很多戰地記者，他們處於更危險的處境仍選擇保持專業，我也應該要做得到，而且要比平常加倍提醒自己。我雖然處於哀傷狀態，但觀眾也沒有義務接受我的水平下降。」

雖然足球評述員的身分深入民心，但它不是李德能的主要工作，他在體壇還有不同職責：先是在香港體育學院負責香港體育資訊中心，後來在賽馬會參與足球博彩工作，到現時專注社區和青年發展。每次面對新機會，李德能只要

感興趣就不太在乎薪金，唯一條件是要繼續講波，「每次轉工，我只會問：『你畀唔畀我繼續講波？』講波對我好重要，它是我生活裡一個點綴、興趣。」

> 每次轉工，
> 我只會問：『你畀唔畀我繼續講波？』

我是體育口述影像服務員

正如李德能所說，命運帶給他數之不盡的得著，所以他一直努力做義工和回饋社會，從 90 年代開始便定期做義工，其中包括參與賽馬會「開聲體」體育口述影像服務，為視障人士講波。足球評述和體育口述影像服務有甚麼分別？「最大分別是心態，平日講波似是我的個人表演，令觀眾走近我、喜歡我。體育口述影像服務則相反，享受表演是次要，提供服務才是首要，我要走進他們的世界去配合他們，我是用聲音幫他們觀看球賽，盡力描述賽事，令他們腦海裡的畫面活靈活現、清晰，視障人士看球賽的氣氛絕不比視力正常的人差。另外，我在描述球賽時著重與他們互動，了解他們的需要、喜好，令他們享受場波。」

李德能更不時會帶視障人士一起到球賽現場，他們透過耳機聽著李德能現場評述。有次遇上一位太太帶著後天失明的先生參與，本身不喜歡足球的太太後來告訴李德能：「聽你現場講波後，才發現原來足球賽事好精彩。」小小的經歷，帶來很大的滿足感。

我的香港足球綠皮書

李德能與香港足球一起走過大半生，從年輕到準備退休，在不同角度下見證並參與球壇的起迭變化。因為重視，所以期望進步。既然萬般帶不走，不如將腦裡、心裡的想法以文字薪火相傳，因此他寫下《我的香港足球綠皮書》。「我在這個行業工作了很多年，經歷過很多事件，希望與大家分享自己的一些建議和提案。而寫書比起只在網上發布文章不同，我可以將書本直接寄給目標受眾，特別是曾經在球圈內外的，甚至現在仍然在球圈內的人，或是體育專員與相關政府部門的司局長。我人微言輕，不能改變香港整個足球界，但如果有更多人團結合作，成功的機會就會增加。書中除了概念化香港足球的發展方向等主題，我亦想方設法具體寫下執行方法——《我的香港足球綠皮書》是我給自己的一份退休禮物。」■

09

成為 撐起 球隊的人

鄺凱恒〔Karen〕
隨行隊醫

註冊物理治療師

曾於太陽飛馬足球會及東方足球隊擔任
隨行隊醫。

現於理文足球會擔任物理治療師。

運動時受傷少不免，但再常見也好，
沒有球員會想面對；因為輸波想報
仇，都先要身體健康。

郭志堅先生在球員受傷時跑出去
那刻，我覺得很帥氣，我也想成
為可以很起一隊球隊的人。

要讓球員在球場了無牽掛地發揮能力，隨行隊醫（軍醫）是很重要的輔助支援。而在足球界這個以男人為主的圈子，有位人稱「Karen 媽」的女物理治療師鄺凱恒（Karen），擔任港超球隊軍醫 17 年，從太陽飛馬到東方和理文，在不同賽事都能看見她的身影。

Karen 自言性格「男仔頭」又喜歡運動，特別是羽毛球，曾經夢想成為體育老師，後來輾轉下修讀物理治療；以為自己會為羽毛球界服務，卻意外地進入足球界，錯有錯著，這 17 年來她很快樂，「會成為足球界的治療師，源於我的恩師郭志堅先生，他是香港有名的資深運動物理治療師。那時我以學徒身分跟著他在愉園、晨曦等體育會工作學習，直至開設自己的診所後，才算真正與球隊建立很緊密的關係和接觸。」

讓球員了無牽掛地踢波

Karen 由學徒到慢慢走出自己的軍醫路，獨當一面，整個過程見證了軍醫的角色愈漸重要。「最早期做學徒的時間，多數只在比賽時才會見到球員。當下可以做的只是應對不同的受傷事件，但球員本身有甚麼病痛或舊患，我們沒辦法跟進，所以那時我的角色比較被動。」直至大約 2012 年開設了自己的診所，有人將 Karen 介紹給太陽飛馬的教練 Cow Sir，剛巧球隊正在找物理治療師跟隨比賽，並為球員在診所治療，於是便邀請她加入球隊。「與太陽飛馬合作的兩三年期間，我會形容為前進一步。因為我開始不只在比賽時才與球員見面，角色慢慢變得主動，除了要跟進球員受傷後的復康治療與運動，更可以及早在日常訓練留意球員狀態。」

後來在東方工作,以及近兩年加入理文,軍醫的重要性變得更大,特別是在理文球會的時間,因為上至老闆下至教練,都很相信運動醫學。球員每日練波,Karen 或她的醫療團隊都必定在場跟進球員訓練,「我們與球員近乎隔日見面,可以盡量參與到球員的訓練。如果練波過程突然受傷,可以即時處理甚至轉介。在沒有治療師的球隊,球員在練波期間受傷,大多只會坐在場邊無所事事,待自己覺得 ok 便會再回球場。但其實由受傷到完全康復再踢波的過程,或長或短,我們的角色可以讓球員得到更多治療。有人跟進他們的情況,康復過程會更快之餘,亦減低再受傷的機會。」

因此,Karen 的軍醫角色,除了傷後處理和復康,更會致力幫助球員預防受傷,甚至提升表現。「球員是球隊的人力資源,而球隊實力建基於他們。所以如果能及早觀察到肌肉即將拉傷的球員,向球隊反映並調整訓練量,球員休息數天可能已經回復狀態;但假若受傷就需要休息兩三星期,分別好大。」除了密切留意球員的健康狀況外,另一重要的部分,就是賽季前幫球員做記錄和測試,了解他們的肌肉力度、姿勢有沒有變差或進步,亦會根據球員的體能目標制訂適合的方案。例如有球員去年大腿後肌傷了幾次,今年目標就是加強大腿後肌,從而避免受傷。她也會和體能教練一起根據球員的體質或位置設定鍛鍊內容;除了正常體能訓練,球員還要每日接受預防受傷的訓練。

受傷，繼續踢還是退場？

跟進球員訓練只是前菜，最需要軍醫金睛火眼的是球賽。
「拗柴」、撞傷、膝頭扭傷在比賽期間最常見，每當有球員
受傷時，軍醫要等球證示意才能跑進球場處理。「球員受
傷後有時會失神，你要將他叫回神來。如果沒有反應有機
會是撞到頭部，那就要好小心；有反應的話，就看球員能
否繼續比賽、痛楚是否能忍受得到。如果情況不嚴重又將
近半場休息，就會等到入更衣室再處理，不然就要示意教
練換人。最重要是懂得在倉卒的時間內下判斷，受傷球員
應該繼續作賽還是退場。」就如一次比賽裡，球員的眼肚
下割傷流血，幸好未有影響視力，假如在正常比賽下必定
要即時換人，但當時幸運地剛好上半場完場，返回更衣室
止血後，可以繼續在下半場比賽，所以 Karen 就為他止血
和包好傷口，安排完賽後才縫針治療，「只要球員沒有處
於即時的身體或生命危險，我們都會盡力幫助球員重返賽
事，所以要仔細檢查患處與拿捏界線。」

為了迅速應對每次球員受傷，Karen 備有兩個救傷包，一
個較大型的用作跟進球員訓練的日常，一個較輕便的揹在
身上，方便她在賽事現場隨時立刻跑入球場。救傷包有充
足的醫療用品，例如各式各樣的膠布、繃帶、紗布、消毒
藥水、花士令、電動拔罐、萬金油及薄荷膏，疫情開始才
加入酒精搓手液，還有意想不到的小物件，「最受球員歡

迎的是指甲鉗。他們好有趣，長期不剪指甲，硬要等到在更衣室才問我要指甲鉗。還有好重要的『勝利糖』，吃了『勝利糖』就會贏波，同時可以補充糖分。」

與球隊建立親密關係的「Karen 媽」

由球隊軍醫變成球員每天叫喚的「Karen 媽」，當中象徵著他們深厚的感情，還有不能言喻的信任與溝通。難怪說到這個稱號，Karen 也忍不住笑了起來，「大概是 2013 年在太陽飛馬開始，個個都叫我『Karen 媽』。他們覺得我的口吻就像阿媽，而且很多球員都好年輕，我會忍不住叫阿仔。」的確，因為著緊球員，所以日哦夜哦碎碎念——「為甚麼又不拉筋」、「又蹺腳」、「明天比賽又夜瞓又不飲水」。

「其實好多球員都像小朋友，看到他們互相戲弄最開心。應付他們有時要哒、有時要鬧，不過對年長一點的球員就要換個方法，『哦』是沒有用的。」聽起來是輕輕鬆鬆的閒話日常，其實是多年經驗培養出的溝通力。Karen 表示作為球隊物理治療師，除了著力治療、復康和預防，更要懂得與球員和教練溝通。「我是其中一個負責球隊、球員之間溝通的橋樑，透過日常閒談，他們會感受到我投放的心力，從而信任我為他們制訂的不同方案，例如是重返球場

> 運動員的生命有限，我想好好把握。

練波，還是要再做多些復康練習？有些傷不可以即時做手術，那麼在等候手術的期間，我們要如何幫助他？全部都是溝通。」

雖然沒有落場比賽，但 Karen 坦言大家其實都是隊友，「與球隊建立親密關係是很快樂的事，一起分享贏波的開心、輸波的失落。」因此當球員受傷，她亦會感到難過，感同身受。「試過有球員有嚴重受傷，知道自己需要休息很長時間，忍不住哭了起來，我也很替他們擔心，但只能在旁默默安慰。」

用心記住球員狀態

每個人都是獨一無二的，每個球員的身體和體能都各有不同，因此用心記住他們的不同狀態，是軍醫其中一個重要的特質。「一雙手好重要，我們會記得球員前日、昨日與今日肌肉的手感，或者治療前後的分別。我們透過觸摸知道他們今日累不累，肌肉狀態正常不正常，從而更把握到球員拉傷的時間點。」不只狀態，Karen 還會記好球員的性格和特性，「有些球員好膽小，少少問題都覺得很嚴重，亦有些球員很堅強，無論甚麼傷都堅持繼續練波。例如理文球員「坦克」艾華頓，他覺得痛楚是練習的一部分，所以當他在球賽倒地十秒都無法起身，我會知道一定是大事件，要立即小心反應。」

很多時球員、球隊和治療師三個角色會各有意見，例如球
員受傷，但球隊表示希望球員繼續出賽，因為賽事非常重
要，但若果 Karen 評估過後覺得受傷過於嚴重，都會直接
否決，「又或者球員有傷但影響不大，想繼續練習不想立
即做手術，我們可以做的，就是和球隊商討如何在這段期
間幫他紓緩痛楚，同時保持表現。很多情況不能盲目跟書
本教法，治療師要思考怎樣拿捏當中的灰色地帶。」

願所有球隊都有軍醫

雖然 Karen 總是笑著分享她在球隊服務的經歷，但多年來頻繁地跟進球隊訓練、比賽甚至到外地集訓，需要放棄很多私人時間，又要經常為廿多個身壯力健的球員按摩肌肉，少點手力和體力都耐不住，加上日曬雨淋，難怪運動醫學雖然愈來愈受重視，但軍醫人手仍然非常不足，「若沒有團隊幫忙，一定做不好。」

香港大部分球隊都沒有治療師跟進訓練，香港的超聯球隊目前只有理文有物理治療師隨隊訓練，而傑志及東方則有運動治療師幫忙，其餘的球隊均沒有醫療人員參與球隊訓練。「以前入行做軍醫機會好難得，但今時今日處處人手不足，只要你願意做又肯花時間就有好發展，當然都要有經驗和熱誠。不只足球，籃球、排球、欖球等球隊都很需要軍醫。雖然我有時會覺得很累、很想放棄，但一想到如果

❝

希望所有球隊都有軍醫跟訓練，

最大得益者也是球壇。

❞

雖然我有時會覺得很累、很想放棄，但一想到如果之後沒有人願意做全職軍醫，球隊亦有機會減少資源分配於醫療團隊，最後又會變回沒有物理治療師全方位照顧球員。因此，我最希望透過我的工作，令其他球隊都明白軍醫的重要性，希望所有球隊都有軍醫跟訓練，這才是對球員而言最好的發展方向，最大得益者也是球壇。」■

10

/ 建築師、項目統籌 /

築起
追逐夢想
的舞台

Richard Breslin
建築師、項目統籌

簡介： 跨國建築設計公司 Populous 高級主管兼總監

曾參與： 啟德體育園

運動場、大型體育館，
任何運動競賽場地，都
是很奇妙的地方。

即使當時場地空空蕩蕩，但走進去彷彿還聽到跑步聲、划水聲、歡呼聲、噓罵聲四面迴響；閉上眼，激烈的賽事、球迷或興奮或失望的景象立即歷歷在目——這裡是顯化夢想的舞台。

跨國建築設計公司 Populous 高級主管兼總監 Richard Breslin（Richard），數十年來在世界各地與團隊建構過多個大型體育場地，例如溫布萊球場、西雪梨體育場等世界級的體育及娛樂設施；而在香港備受期待的啟德體育園，

亦是 Populous 的傑作之一。對於他們來說，這不只是運動場，更是一個無縫融入體育的新型社區，建構夢想與美好生活的舞台。

建築是為了解決問題

Richard 從小擅長數學和美術，喜歡邏輯和創造的過程，建築正正讓他可以發揮所長。「建築很大的存在意義是為了解決問題，同時透過不同建築項目詮釋創意。」他坦言，

> **A lot of architecture is about problem solving.**
>
> 建築很大的存在意義是為了解決問題。

我們周圍的環境、建築物及建造的一切事物都有其意義，都是人類進化的見證，這些體會令他對建築愈感興趣。Richard 在澳洲坎培拉出生，當地很多重要的國家建築，諸如澳洲國立美術館、戰爭紀念館等，為他累積了對建築美學的理解和養分。建築讓我們看到一個地方的民族和文化，正如香港的匯豐總行大廈見證了香港的歷史。不論任何建築類別，商業還是體育也好，原則和過程也大同小異——為了給人們更好的生活。

90 年代中期，Richard 想擺脫原本的建築事業，踏足金融領域，甚至已成功獲錄取在悉尼攻讀金融碩士學位；但在離開工作到課程開始之前，他獲得與悉尼奧林匹克公園相關的建築工作，這次突如其來的機會令他大為驚喜。「對我來說這是一個非常重要的時刻，當時覺得太不可思議。我喜歡這種工作，喜歡這種規模，喜歡這裡的人，也喜歡做這件事背後的原因。可以參與重要的國家建築項目，非常難得。」時機當真是世上最奇妙的事，因為當時幸運地遇上這個機遇，今天才見到致力投身建築事業的 Richard 和他的作品。

體育建築不單只是建設或改建一座運動場地或體育館，更需要考量它的歷史和功能。就像澳大利亞體育場（現冠名為澳洲新西蘭銀行體育場），本身是為 2000 年悉尼奧運而建，擁有 11.5 萬個座位，當時讓悉尼在世界聲名大噪，令

澳洲國民自豪，後來 Richard 與團隊負責改建這個項目。「你要思考如何疊加更多功能在體育場，令它在有大型體育活動時可以如常發揮作用，平日亦可以成為其他活動的場地。就如設計一個家，你要想如何在日常成為一家四口的住所之餘，當有特別節日，例如聖誕節，還有親戚好友突然來訪留宿時如何應對，所以這個家應要擁有容納多人的彈性。」

Richard 用生活化的比喻令我們更容易了解他的設計概念，就如在香港這樣的彈丸之地，要設計一個可以面向國際的運動競賽場地真的需要花盡心思，多加想像力和創造力。啟德體育園座落九龍城區，一個令人乍聽之下就會用上泛黃的老照片濾鏡的地方，而啟德體育園並非要立即將舊區帶到現代，如何結合新舊，是啟德體育園一個重要使命。

現場體驗的獨特意義

Richard 和他的團隊深感保留歷史雖是重點，但與時並進才能持續改善生活，建築設計亦然。充滿回憶的運動場地固然令人留戀，但若果想它持續為人們服務，就需要根據人們的需求改變而改善或重建。就如當日的啟德機場不再只是一個機場，它現在為居民、旅客提供更多購物和用餐體驗。「1999 年我為溫布萊球場重建項目搬到倫敦。溫布萊球場本身極具國家代表性，因為它是英格蘭舉辦世界盃的場地，亦見證了英格蘭贏得世界盃，球員和國民的希望與夢想都建基於這裡。雖然如此，但如果你身處在球場，會發現其實那裡一點都不舒適，無論你正坐或側坐、起身再坐下、離開座位去廁所等，這些體驗都讓人不舒服。」

隨著科技發展，到比賽場地並不是觀看賽事的唯一方法，在家裡裝設影院設備亦能營造到臨場感，因此體育場地在建築設計上，需要更進一步滿足觀眾，甚至要更勝一籌。「現在人們對於在運動場地觀看賽事的期望愈來愈高，所以我們在設計溫布萊球場時花了最大的努力，盡可能增強每個人的現場體驗，創造一種你在家裡透過電視觀賽時無法獲得的獨特體驗。看台座位的舒適度高，才能讓大家願意到現場欣賞體育賽事。這種體驗非常珍貴，因為所有現場觀眾都在分享當下的賽事，無論勝負。」

讓香港人的生活變得更好

這種思考模式，正正是 Richard 與 Populous 團隊，以及其他合作單位設計啟德體育園的方向——從充滿歷史的香港舊機場，搖身一變成為世界上其中一個最先進的體育及娛樂專區，目的令香港具備舉辦國際體育盛事的能力，同時有更多配套支持香港運動員，以及推廣「全民運動」。除了高質素的體育場地——可以容納五萬個觀眾的主場館、設有一萬個座位的室內體育館、有五千個座位的公眾運動場，還會有零售、餐飲、娛樂配套，以及多用途活動區、兒童遊樂場、綠化公園等，令體育園不只是大型體育、文化、宗教活動的理想場地，亦會成為市民日常使用的社區。Richard 笑說：「屆時這裡就會變成人們帶著三文治午餐的

" You're not giving people excuses for not coming

(live sporting event)

不能讓場地成為觀眾不到現場觀看賽事的藉口。 "

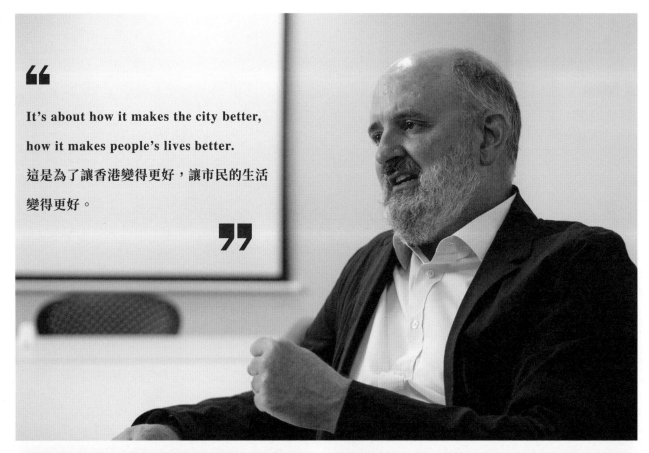

" It's about how it makes the city better, how it makes people's lives better. 這是為了讓香港變得更好，讓市民的生活變得更好。 **"**

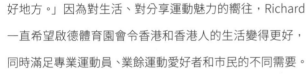

好地方。」因為對生活、對分享運動魅力的嚮往，Richard 一直希望啟德體育園會令香港和香港人的生活變得更好，同時滿足專業運動員、業餘運動愛好者和市民的不同需要。

「優秀的運動員需要培養、培訓，若想擁有一支出色的國家隊，體育運動需要更普及，同時有更高質素的運動設施和配套，令小朋友、年輕人可以更早接觸運動，發揮和發掘他們的才能。勝出比賽就有光環——每當一項運動項目出現出色人才，例如劍擊、游泳，就會突然出現很多想報名學習劍擊、游泳的人。啟德體育園正好在這方面好好配合，鼓勵人們一起投入運動。」要全面推動體育運動文化，必須軟硬兼施，擁有了體育園這個硬件，便可以從軟件入手，

制定不同的活動互相呼應，就如啟德體育園的團隊之一「飛越啟德」，舉辦不同的社區體育計劃，例如教育市民關於身心健康的重要、為不同年齡及背景的香港人舉辦不同運動活動，並且積極啟發社區市民，透過運動發展個人技能和專長。

讓體育夢發光發亮

倫敦的溫布萊球場是足球界一個標誌性的場地，人們稱它為「足球之鄉」，很多屆英格蘭足總盃都在此舉行。「小時候，每年足總盃父親都會在半夜叫醒我們。天氣很冷，我們一起穿著睡衣於電視機前觀看賽事。到現在我仍記得足

"

Building a dream,

a dream about sports and love.

建設場地，

也是建設體育與愛的夢想。

"

總盃決賽那天總是陽光明媚，草地很完美。誰想到在 1999 年，我竟然參與了溫布萊球場的重建項目，在現場回想起這段回憶，尤如美夢。」。

更沒想到的當然是更多年以後，Richard 身處香港，為香港建設一個將會代表香港、面對世界的運動場地。

運動從古至今都在世界各地積極發展，是原始的社會活動，甚至像信仰一樣存在著。運動帶著濃厚的部落性質，讓人們變得團結，從中得到歸屬感、合一的體驗；不同隊伍在比賽裡就像不同部落互相戰鬥，從強身健體到為國爭光。Richard 多年來為體育運動建設一個又一個亮眼的舞台，亦從中圓滿了自己一個夢。■

香港青年協會

hkfyg.org.hk | m21.hk

香港青年協會(簡稱青協)於 1960 年成立,是香港最具規模的青年服務機構。隨著社會瞬息萬變,青年所面對的機遇和挑戰時有不同,而青協一直不離不棄,關愛青年並陪伴他們一同成長。本著以青年為本的精神,我們透過專業服務和多元化活動,培育年青一代發揮潛能,為社會貢獻所長。至今每年使用我們服務的人次達 600 萬。在社會各界支持下,我們全港設有 80 多個服務單位,全面支援青年人的需要,並提供學習、交流和發揮創意的平台。此外,青協登記會員人數已逾 45 萬;而為推動青年發揮互助精神、實踐公民責任的青年義工網絡,亦有逾 23 萬登記義工。在「青協・有您需要」的信念下,我們致力拓展 12 項核心服務,全面回應青年的需要,並為他們提供適切服務,包括:青年空間、M21 媒體服務、就業支援、邊青服務、輔導服務、家長服務、領袖培訓、義工服務、教育服務、創意交流、文康體藝及研究出版。

青協網上捐款平台
giving.hkfyg.org.hk

香港青年協會社區體育部簡介

自 2015 年起，社區體育部持續於社區發展基層青少年較難參與的冷門運動，包括冰球、棍網球，同時持續為青少年帶來各種新興運動體驗，例如花式跳繩、閃避球、地壺球、歷奇等。2016、17 及 18 年間推動社區體育節，讓青少年透過體驗、運動員分享及賽事，接觸運動、認識運動及發展興趣。

社區體育部一直提倡社區參與、團體運動、公平參與及多元參與。透過體育運動，我們接觸不同階層青少年，了解他們的需要，但非每位青少年都有能力負擔，社區體育部深信這些都不應該是扼殺他們參與運動的原因，致力為他們提供不同的配套服務，包括為有發展潛力的青少年運動員提供發展階梯，推薦至進階訓練；又為具有領袖潛質的青少年提供培訓，結合運動和社會服務，社區體育部於 2020 至 2021 年間致力推廣山野無痕及潔淨海洋的「山人同行」、「去去海廢走」，為參與的青少年提供山藝及獨木舟培訓，讓他們具備相關知識，帶領社區其他志願者一起參與清潔山野及海岸。

青少年透過體育有機會發展自己除學業以後的潛能、擴闊社交及生活圈，增廣見識和眼界，各方面對青少年而言都有莫大裨益。故此，社區體育一直伙同不同合作伙伴、運動員及社區人士一起大力推動「運動助人」的概念，並一同在運動之中加入社會服務、環境保護及可持續發展的概念，一同為香港社區及運動出一分力。

香港代表 II

出版	：	香港青年協會
訂購及查詢	：	香港北角百福道 21 號
		香港青年協會大廈 21 樓
		專業叢書統籌組
電話	：	(852) 3755 7108
傳真	：	(852) 3755 7155
電郵	：	cps@hkfyg.org.hk
網頁	：	hkfyg.org.hk
網上書店	：	books.hkfyg.org.hk
M21 網台	：	M21.hk
版次	：	二零二二年十二月初版
國際書號	：	978-988-76279-8-2
定價	：	港幣 120 元
顧問	：	何永昌先生
督印	：	陳文浩
撰文	：	李海瀅
執行編輯	：	周若琦、李心怡
編輯委員會	：	黃定邦、謝少莉、陳曦婷、伍靖華
鳴謝	：	香港足球總會、啟德體育園、理文足球會
設計及排版	：	陳美光
製作及承印	：	活石印刷有限公司

Voices from Hong Kong Sports II

Publisher	:	The Hong Kong Federation of Youth Groups
		21/F, The Hong Kong Federation of Youth Groups Building,
		21 Pak Fuk Road, North Point, Hong Kong
Printer	:	Living Stone Printing Ltd
Price	:	HK$120
ISBN	:	978-988-76279-8-2

青協 App　立即下載